Beratung, Organisation und Coaching

Beratung, Organisation und Coaching

Herausgegeben von Prof. Dr. Markus Jüster,
Kempten Business School,
Hochschule für angewandte Wissenschaften Kempten

– Band 8 –

Erfolgreiche Veränderungen nach gescheiterten Change-Management-Prozessen

Eine explorative Studie aus Sicht der betroffenen Mitarbeitenden

Cordia Ylinen

Tectum Verlag

Die Schriftenreihe *Beratung, Organisation und Coaching* wird herausgeben von Prof. Dr. Markus Jüster, Kempten Business School, Hochschule für angewandte Wissenschaften Kempten

Cordia Ylinen
Erfolgreiche Veränderungen nach gescheiterten Change-Management-Prozessen
Eine explorative Studie aus Sicht der betroffenen Mitarbeitenden

Beratung, Organisation und Coaching, Band 8

© Tectum – ein Verlag in der Nomos Verlagsgesellschaft, Baden-Baden 2024

ISBN 978-3-68900-003-5
ePDF 978-3-68900-004-2
ISSN 2750-5782

Umschlaggestaltung: Tectum Verlag, unter Verwendung des Bildes # 699721753 von Chanawat | https://stock.adobe.com

Gesamtverantwortung für Druck und Herstellung:
Nomos Verlagsgesellschaft mbH & Co. KG
Printed in Germany

Alle Rechte vorbehalten

Besuchen Sie uns im Internet
www.tectum-verlag.de

Bibliografische Informationen der Deutschen Nationalbibliothek
Die Deutsche Nationalbibliothek verzeichnet diese Publikation in der Deutschen Nationalbibliografie; detaillierte bibliografische Angaben sind im Internet über http://dnb.d-nb.de abrufbar.

für meine Töchter

Vorwort

Change Management gilt als Königsdisziplin in der Entwicklung von Organisationen. Oftmals verbindet sich mit dem Thema die Hoffnung einer Organisation nach Entwicklung, Verbesserung, Innovation und vor allen Dingen nach Überwindung einer Krise. Change Management gilt – gerade im Krisenmanagement – als Zauberformel.

Veränderungen in Organisationen werden oftmals als notwendig, ja gerade als alternativlos, angepriesen. Resultierend daraus stehen Mitarbeitende vor der Situation einer grundlegenden Veränderung an ihrem Arbeitsplatz. Es müssen gewachsene Strukturen aufgegeben werden und unbekanntes Neuland wird erkundet. Damit dies gelingt, wird in das Neue viel Hoffnung gesetzt. Was aber, wenn dieses Neue nicht funktioniert, gar der Prozess der Erneuerung scheitert? Wird dann alles hoffnungslos? Und welche Folgen sind damit für die Beschäftigten – und deren Motivation – zu befürchten?

Frau Ylinen beschäftigt sich mit dieser Fragestellung. Hier besetzt sie ein Thema, welches trotz seiner Bedeutung wenig Resonanz in der wissenschaftlichen Arbeit und den daraus wachsenden Publikationen erzeugt. Sich mit Scheitern zu beschäftigten bedarf einer gewissen Frustrationstoleranz. Die daraus gewonnen Erkenntnisse können jedoch Folgefrustrationen vorbeugen. Daher ist die durch Frau Ylinen vorgenommene Illumination für Forschung und Praxis hilfreich.

Die von der Autorin vorgestellte Forschungsfrage lautet: „Welche Faktoren sind in der Umsetzung einer Veränderung im Anschluss an

Vorwort

einen misslungenen Change-Management-Prozess aus Sicht der betroffenen Mitarbeitenden relevant?"

Frau Ylinen operationalisiert ihr Forschungsanliegen in neun Sub-Forschungsfragen. Eine davon lautet: „Was motiviert Mitarbeitende, einen Change-Management-Prozess auch nach dessen Scheitern weiterhin aktiv zu unterstützen?" Allein die Beantwortung dieser Frage ist es wert intensiv zu forschen.

Die Autorin tut dies, indem sie ihre empirische Arbeit in sechs Hauptkapitel gliedert. Zunächst führt sie in das Thema ein, erläutert dann den Begriff des Change Managements, um sich dann dem Thema Fehlermanagement zuzuwenden. Mit dem 4. Kapitel beginnt ihre empirische Untersuchung. Hier stellt sie dann das Forschungsdesign sowie die Forschungsergebnisse vor. In der Conclusio werden final die Ergebnisse der Untersuchung vorgestellt und diskutiert.

Eine erste Vermutung kann nahelegen, dass ein Scheitern eines Change-Prozesses zu einer Reduktion der Bindung von Mitarbeitenden zu ihrem Unternehmen führt. Gerade die Gallup-Studien nähren die Vermutung geringer Bindung und geringen Engagements. Um nur eines der Ergebnisse der Studie vorwegzunehmen, kann hierauf wie folgt geantwortet werden: „Es ließ sich außerdem in der empirischen Untersuchung unerwartet stark erkennen, wie viel Bereitschaft Mitarbeitende auch unter prekären Umständen zeigen, das Unternehmen weiterhin zu unterstützen." Der Befund regt zum Nachdenken an.

Die Ursache des Scheiterns kann auch in schlecht geplanten oder schlecht durchgeführten wie kommunizierten Change-Prozessen liegen. Mitarbeitende haben ein Gespür dafür, was funktionieren kann und was eben nicht. Insofern kann dann ein Scheitern erfolgreich sein, wenn es zur Besinnung führt.

Frau Ylinen hat sich einem schwierigen Thema zugewandt und ein neues Licht auf das Scheitern von Veränderungsprozessen geworfen. Ihre Studie ist gleichermaßen aufschlussreich, wie ihre Analyse differenziert ist. Der Autorin gelingt es, eine fundierte Arbeit zu schreiben, welche ebenso neue Erkenntnisse liefert wie auch Anregung für eine verbesserte Praxis in sich birgt.

Vorwort

Allen Menschen, welche Organisationen verändern wollen, ist die Untersuchung ans Herz zu legen.

Kempten im April 2024
Markus Jüster

Inhaltsverzeichnis

1. Einführung — 1
   1.1 Problemstellung — 1
   1.2 Zielsetzung — 2
   1.3 Forschungsfragen und Zielgruppe — 3
   1.4 Methodische Vorgehensweise — 5
   1.5 Aufbau der Arbeit — 6

2. Change Management — 7
   2.1 Definition und Abgrenzung — 7
   2.2 Erfolgsfaktoren — 10
      2.2.1 Feldtheorie und 3-Phasenmodell von Kurt Lewin — 10
      2.2.2 Erfolgsfaktoren in Führung und Kommunikation — 14
   2.3 Scheitern von Change-Management-Prozessen — 23
      2.3.1 Gründe für das Scheitern — 24
      2.3.2 Widerstände von Mitarbeitenden — 31

3. Fehlermanagement — 37
   3.1 Definition und Abgrenzung — 37

3.2 Umgang mit Fehlern in Unternehmen
und Organisationen ... 40
3.3 Organisationales Lernen ... 42
3.4 Fehler als Antrieb für gelingende Veränderung ... 45

4. Beantwortung der theoretischen
Subforschungsfragen ... 49

5. Erhebung und Auswertung der empirischen
Ergebnisse ... 55
5.1 Methodische Vorgehensweise ... 55
5.1.1 Interviewleitfaden ... 58
5.1.2 Auswahl der Fokusgruppe ... 60
5.1.3 Durchführung ... 63
5.2 Empirische Untersuchung ... 65
5.2.1 Ausgangspunkte der Veränderung ... 65
5.2.2 Das Scheitern aus Sicht der Mitarbeitenden ... 67
5.2.3 Kommunikation als Einflussfaktor in der
Veränderung ... 72
5.2.4 Veränderung trotz Scheitern ... 76
5.3 Ergebnisdarstellung ... 78
5.4 Beantwortung der empirischen
Subforschungsfragen ... 80

6. Conclusio ... 85
6.1 Beantwortung der Hauptforschungsfrage ... 85
6.2 Diskussion ... 87
6.3 Empfehlungen ... 90
6.4 Limitationen ... 91
6.5 Ausblick ... 93

Inhaltsverzeichnis

7. Literaturverzeichnis   95

Dank   99

Anhang   101

Abbildungsverzeichnis

Abbildung 1 Wandlungsprozess und Wandlungsmanagement (in Anlehnung an Krüger, 2014, S. 40) 13

Abbildung 2 Umsetzung einer geplanten Veränderung im Anschluss an einen gescheiterten Change-Management-Prozess 91

Tabellenverzeichnis

Tabelle 1	Das 4-I-Modell (in Anlehnung an Crossan et al., 1999, S. 525)	43
Tabelle 2	Aufstellung der Interviewten	62
Tabelle 3	Kategorienübersicht: Ausgangspunkte der Veränderung	66
Tabelle 4	Kategorienübersicht: Scheitern aus Sicht der Mitarbeitenden	68
Tabelle 5	Kategorienübersicht Kommunikation als Einflussfaktor in der Veränderung	73
Tabelle 6	Kategorienübersicht: Veränderung trotz Scheitern	76

Abstract

Change-Management-Prozesse gehören für die meisten Unternehmen und Organisationen heute zu den Grundlagen für ein erfolgreiches Bestehen am Markt. Viele dieser Veränderungsprozesse werden jedoch nicht ausreichend geplant oder schlecht umgesetzt. Dies oder der daraus resultierende Widerstand der Mitarbeitenden bringt die Prozesse häufig zum Scheitern. Da die geplante Veränderung trotzdem oft notwendig für das jeweilige Unternehmen bleibt, stellt sich die Frage, wie sie umgesetzt werden kann, auch wenn der Change-Management-Prozess zunächst endgültig gescheitert scheint.

Obwohl sich die Forschung seit Jahren darüber einig ist, dass zu viele Change-Management-Prozesse scheitern, wurden auch in einer eingehenden Analyse der Fachliteratur weder Aussagen darüber gefunden, wie die Veränderung nach einem Scheitern noch möglich ist, noch welche Sicht die Mitarbeitenden auf diese Situationen haben.

Ziel der Arbeit war es deshalb, zu analysieren, welche Faktoren aus Sicht der Mitarbeitenden relevant sind, um eine Veränderung auch im Anschluss an einen zunächst gescheiterten Change-Management-Prozess noch erfolgreich umzusetzen.

Zur Untersuchung dieses Forschungsthemas wurden die Themen „Change Management" und „Fehlermanagement" anhand einer Literaturanalyse bearbeitet. Zur Erhebung der Sicht der Mitarbeitenden wurden 12 Expert:innen-Interviews geführt, die anhand einer qualitativen Inhaltsanalyse (Mayring, 2015) ausgewertet wurden.

Der Abgleich der theoretischen und empirischen Erkenntnisse ergab, dass die in der Literatur beschriebenen Erfolgsfaktoren eines Change-Management-Prozesses aus Sicht der Mitarbeitenden auch nach dessen Scheitern noch zum Ziel führen können. Dabei ist ein wichtiger Zwischenschritt zum Gelingen der Veränderung nach dem Scheitern das Feststellen und Reflektieren des Scheiterns und seiner Gründe in einer transparenten und ehrlichen Kommunikation. Die Mitarbeitenden wollen dabei einbezogen und wertgeschätzt werden.

Eine Handlungsempfehlung für die Praxis wäre die Weiterführung des Change-Management-Prozesses unter Berücksichtigung der relevanten Faktoren, wobei das Scheitern nicht als Ende, sondern als Teil des Prozesses betrachtet wird.

Abkürzungsverzeichnis

Abb.	Abbildung
akt.	aktualisierte
APA	American Psychological Association
Aufl.	Auflage
bzw.	beziehungsweise
ca.	circa
doi	Digital Object Identifier
erw.	erweiterte
f.	folgende
ggf.	gegebenenfalls
Kat.	Kategorie
Kap.	Kapitel
MSc.	Master of Science
Nr.	Nummer
S.	Seite
Tab.	Tabelle
Tg.	Tage
überarb.	überarbeitete
vgl.	Vergleich
WS	Wintersemester
z.B.	zum Beispiel
zit.	zitiert

1. Einführung

Die folgenden Ausführungen geben einen Überblick über das Forschungsgebiet der Arbeit sowie deren Zielsetzung und die angewandte Methodik. Dafür wird in der Problemstellung (Kap. 1.1) zunächst das Umfeld und die Relevanz des Forschungsthemas dargelegt sowie im Anschluss daran die konkreten Ziele (Kap. 1.2) dieser Forschungsarbeit. Es folgen die Darstellung der Fokusgruppe und die zugrundeliegenden theoretischen und empirischen Forschungsfragen (Kap. 1.3). Nach der Darstellung der methodischen Vorgehensweise (Kap 1.4) schließt der Abschnitt mit einem kurzen Überblick über den Aufbau der Arbeit (Kap 1.5).

1.1 Problemstellung

Die Anlässe für Veränderungen in Unternehmen und Organisationen sind vielseitig, von technischer Weiterentwicklung bis hin zu internationaler Konkurrenz auf den Märkten oder rasanten Veränderungen der Informationskultur (Rosenstiel, 2015). Die Bedingungen für organisationalen Wandel sind in den letzten Jahrzehnten deutlich herausfordernder geworden (Wimmer, 2011) und 70% aller Change-Management-Projekte werden als gescheitert eingestuft (Lauer, 2019). Auch wenn der Prozess zunächst misslingt, bleiben die beabsichtigten Veränderungen oft für den Erfolg des Unternehmens erforderlich. Unter der Annahme, dass jede geplante Veränderung in einem Unternehmen wichtige Gründe hat, stellt sich deshalb die Frage, wie diese auch nach dem Scheitern des Prozesses noch umgesetzt werden kann.

Unter dem Suchbegriff „Change Management" finden sich auf der Internet-Plattform für die Suche nach wissenschaftlicher Literatur, Google Scholar, ca. 5.430.000 Einträge. Obwohl sich die Literatur eingehend mit zahlreichen Aspekten von Veränderungsprozessen auseinandersetzt, endet die Betrachtung in der Regel bei der Frage, inwiefern der Prozess funktioniert oder misslingt sowie in der daran anschließenden Frage, wie es dazu kommen konnte (vgl. Doppler, Fuhrmann, Lebbe-Waschke, & Voigt, 2014; Lauer, 2019; Google Scholar, 26.10.2019). Die Recherche über die Internetplattformen google.de, scholar.google.de, link.springer.com sowie die Online-Bibliothek der Fachhochschule Wien der WKO ergab keine Ergebnisse dazu, wie eine geplante Veränderung auch nach einem gescheiterten Veränderungsprozess noch umgesetzt werden kann.

Selbst sorgfältig geplante Change-Management-Prozesse scheitern oft an der Menschlichkeit einer Organisation (vgl. Doppler et al., 2014; Lauer, 2019). Aus diesem Grund erscheint es sinnvoll, die Mitarbeitenden im Unternehmen als Hauptfaktor einer gelingenden Veränderung zu befragen und deren Bedürfnisse und Denkweisen maßgeblich in die Analyse notwendiger Faktoren zur Umsetzung der Veränderung einzubeziehen.

In Anbetracht des hohen Anteils an gescheiterten Change-Management-Projekten und der fehlenden Forschung über eine Weiterentwicklung nach dem Scheitern, setzt diese Arbeit dort an, wo der Prozess bereits als gescheitert betrachtet wird und analysiert aus Sicht der betroffenen Mitarbeitenden, wie trotzdem noch eine erfolgreiche Veränderung herbeigeführt werden kann.

1.2 Zielsetzung

Im Change Management geht es weder um die konkrete Beschreibung des eigentlichen Veränderungsziels noch um die Beschreibung der, zu seiner Erreichung notwendigen, Strategien, sondern vielmehr um den

Umsetzungsprozess der geplanten Veränderung selbst (Lauer, 2019). Nach dem hier zugrunde gelegten Verständnis ist der Prozess nicht vollendet, solange die geplante Veränderung nicht umgesetzt ist. Das Scheitern wird in der Betrachtung deshalb als Teil des Prozesses angesehen und nicht als dessen Ende.

Die vorliegende Arbeit soll zeigen, inwiefern die Veränderung überhaupt noch möglich ist, wenn der Change-Management-Prozess zunächst sein Ziel verfehlt. Fragen, die sich im Zuge dessen stellen, sind: Was brauchen Mitarbeitende in Unternehmen, um eine Veränderung auch nach dem Scheitern eines Prozesses noch mitgestalten zu wollen und zu können? Ein gescheiterter Veränderungsprozess hinterlässt Spuren im Unternehmen und bei den betroffenen Menschen. Welche Spuren sind das und wie kann damit im nächsten Schritt umgegangen werden?

Während sich der wissenschaftliche Nutzen dieser Analyse aus der Erforschung von Veränderungsprozessen über deren Scheitern hinaus ergibt, liegt der praktische Nutzen in der Identifikation und in der anschließenden Evaluation von Faktoren, um notwendige Veränderungsprozesse, trotz ungünstigem Abschluss, noch umzusetzen. Für Unternehmen könnten diese Erkenntnisse eine Weiterentwicklung des Change-Management-Prozesses darstellen. Für die Forschung wird ein wichtiger Beitrag geleistet, in dem eine Forschungslücke geschlossen wird und nachfolgende Untersuchungen an diese Erkenntnisse anknüpfen können.

Die gewählte Zielgruppe für diese Untersuchung, sowie die zugrundeliegenden Forschungsfragen, werden im nachfolgenden Kapitel dargestellt.

1.3 Forschungsfragen und Zielgruppe

Die Zielgruppe für die Untersuchung sind Mitarbeitende mittelständischer bis großer Unternehmen aus unterschiedlichen Branchen, welche einen gescheiterten Change-Management-Prozess innerhalb ihres Unternehmens miterlebt haben. Die Auswahl der Interview-Partner:innen

1. Einführung

erfolgte nach zwei Kriterien. Die erste Voraussetzung bestand darin, dass die befragten Personen vom Scheitern eines Veränderungsprozesses in einem Unternehmen selbst betroffen sind bzw. waren. Die zweite Voraussetzung war der Umstand, dass die befragten Personen zum Zeitpunkt des Scheiterns keine gestaltende Rolle im Change-Management-Prozess innehatten. Die Gruppe der befragten Personen ist heterogen im Hinblick auf die persönlichen Merkmale wie Alter und Geschlecht sowie berufliche Merkmale, wie Branche, Anzahl der Mitarbeitenden im Unternehmen und konkrete Tätigkeit. Es wurden nie mehr als drei Personen aus einem Unternehmen befragt, um ein möglichst breites Spektrum an verschiedenen Eindrücken zu gewinnen.

Zur Fokussierung der Analyse wurden theoretische und empirische Forschungsfragen formuliert. Diese werden nachfolgend erläutert.

Hauptforschungsfrage:

Welche Faktoren sind in der Umsetzung einer Veränderung im Anschluss an einen misslungenen Change-Management-Prozess aus Sicht der betroffenen Mitarbeiten-den relevant?

Theoretische Subforschungsfragen:

1. Welche Faktoren führen zum Scheitern eines Change-Management-Prozesses?
2. In welcher Phase des Prozesses scheitern Change-Management-Prozesse am häufigsten?
3. Welche Form der Partizipation von Mitarbeitenden hat sich bei der Implementierung von Veränderungsprozessen in Organisationen als erfolgreich erwiesen?
4. Wie können massive Widerstände im Zuge von Change-Management-Prozessen bei Mitarbeitenden aufgelöst werden?
5. Welchen Nutzen können ein Unternehmen bzw. eine Organisation aus Fehlern der Vergangenheit ziehen?

1.4 Methodische Vorgehensweise

Empirische Subforschungsfragen:

1. Woran wird für Mitarbeitende erkennbar, dass ein Change-Management-Prozess gescheitert ist?
2. Welche Art der Kommunikation bevorzugen Mitarbeitende im Zuge eines scheiternden Change-Management-Prozesses?
3. Inwiefern können Mitarbeitende, trotz misslungenem Prozess, die Ziele und Potentiale von geplanten Veränderungen weiterhin erkennen und sich mit diesen identifizieren?
4. Was motiviert Mitarbeitende, einen Change-Management-Prozess auch nach dessen Scheitern weiterhin aktiv zu unterstützen?

1.4 Methodische Vorgehensweise

Die theoretische Grundlage dieser Arbeit bildet die Analyse wissenschaftlicher Literatur zur Definition des Begriffes „Change Management" und zur Untersuchung erfolgsrelevanter Faktoren und Akteure im Change-Management-Prozess. Die Gründe für das Scheitern von Veränderungsprozessen sowie die Analyse relevanter Strategien aus dem Fehlermanagement und dem organisationalen Lernen sind ebenfalls Gegenstand der theoretischen Betrachtung. Vor dem Hintergrund dieser theoretischen Erläuterungen erfolgt schlussendlich die Beantwortung der theoretischen Subforschungsfragen.

Die empirische Untersuchung erfolgt anhand von Expert:innen-Interviews mit insgesamt 12 Personen in ca. 30–70-minütigen Interviews. Mit den Ergebnissen der Befragung soll die Lücke zwischen den Fachgebieten „Change Management" und „Fehlermanagement" geschlossen werden, um daraus neue Erkenntnisse über den Umgang mit gescheiterten Veränderungsprozessen zu gewinnen. Die qualitative Befragung mit offenen und halboffenen Fragen bietet hinreichend Raum für individuelle Antworten und persönliche Reflektion, um umfassendes Material zur Beantwortung der empirischen Subforschungsfragen zu sammeln. Die „Einbettung in den Kommunikationszusammenhang" ermöglicht die Interpretation der Antworten innerhalb des Gesamtkontextes (Mayring, 2015, S. 50). Die Interviews werden in persönlichen

Gesprächen bzw. telefonisch durchgeführt, digital aufgezeichnet und als Audiodatei gespeichert. Die Interview-Ergebnisse werden dann anhand der qualitativen Inhaltsanalyse nach Mayring (2015) ausgewertet.

1.5 Aufbau der Arbeit

Zunächst wird die bestehende Literatur zu den forschungsrelevanten Themen im Vergleich verschiedener Autor:innen kritisch reflektiert und die wesentlichen Begrifflichkeiten definiert und abgegrenzt (Kap. 2, Kap. 3). Anhand dieser Erkenntnisse werden dann die theoretischen Subforschungsfragen beantwortet (Kap. 4). Im Anschluss daran wird die empirische Forschungsarbeit beschrieben, indem deren Vorgehensweise (Kap. 5.1) sowie deren Ergebnisse (Kap. 5.2, Kap. 5.3) dargelegt werden. Mithilfe der empirischen und theoretischen Erkenntnisse werden dann die empirischen Subforschungsfragen beantwortet (Kap. 5.4). Es folgt die Beantwortung der Hauptforschungsfrage (Kap. 6.1) und eine kritische Diskussion der theoretischen und empirischen Forschungsergebnisse (Kap. 6.2). Nach einer, aus den Erkenntnissen abgeleiteten, Handlungsempfehlung für die Praxis (Kap. 6.3) folgt die Betrachtung von Limitationen (Kap. 6.4), die innerhalb der Analyse erkannt wurden sowie ein Ausblick (Kap. 6.4), der weitere denkbare Forschungsfelder innerhalb des Themas darstellt.

2. Change Management

Im Folgenden wird der Begriff „Change Management" aus der Sicht unterschiedlicher Autor:innen theoretisch analysiert und abgegrenzt und die Akteure des Change beschrieben. Im Anschluss daran werden, unter Darlegung der relevanten Literatur, die Erfolgsfaktoren von Change-Management-Prozessen sowie Gründe für deren mögliches Scheitern betrachtet.

2.1 Definition und Abgrenzung

Wird das englische Wort *Change* ins Deutsche übersetzt, zeigt sich bereits, wie weitreichend ein *Change* sein kann. Die Begriffe „Veränderung", „Änderung", „Wandel" und „Wechsel" werden in der Literatur als deutschsprachige Synonyme für *Change* verwendet. *Change* wird jedoch auch als „Umkehr", „Abänderung", „Übergang", „Umschwung", „Umstellung" und „Eingriff" übersetzt (leo.org, 10.02.2020). Diese Verständnismöglichkeiten des Wortes *Change* geben bereits einen Hinweis darauf, welche Relevanz dieser haben kann. *Management* wird im betriebswirtschaftlichen Zusammenhang übersetzt mit „Führung", „Leitung", „Verwaltung", „Handhabung" oder „Steuerung" (leo.org, 10.02.2020). Auch in diesen Übersetzungen zeigen sich verschiedene Ansätze, die mit dem Wort *Management* verbunden werden. Diese finden sich auch in dem breiten Spektrum an Definitionen für *Change Management* wieder, welche die Literatur bietet. Lauer (2019) beschreibt mit *Change Management* „die speziellen Managementtechniken, welche zur Steuerung der Prozesse von Wandel selbst erforderlich sind" (S. 4). Er fokussiert hier besonders, dass das Ziel des Change Managements in der „optimale[n] Ausgestaltung des Weges vom Ausgangspunkt [...] zum Ziel" (Lauer, 2019, S. 9) liege und nicht in der klaren Definition des Ziels selbst oder der Strategien, um dieses zu erreichen. Gleichzeitig betont Lauer (2019), dass beide Faktoren eine große Relevanz für den Erfolg der Veränderung, die Ausgestaltung des Weges und für die klare Definition von Zielen und Strategien hätten und dass das eine ohne das andere nicht zum Erfolg führen könne.

Doppler und Lauterburg (2014) definieren den Begriff *Change Management* hingegen als „Kunst, den Unternehmenswandel planmäßig zu gestalten" (S. 94) mit einem ausgeprägten Fokus auf Ergebnisse und Ziele innerhalb konkreter Zeitrahmen. Sie betonen dabei die Einbettung in die Organisationsentwicklung und gleichzeitig die Abgrenzung dieser zum Change Management. Die Organisationsentwicklung selbst definieren Doppler und Lauterburg (2014) als „ganzheitlichen, integrierten Ansatz des Veränderungsmanagements" (S. 94) und unterstreichen im Zuge dessen die Wichtigkeit der parallelen Betrachtung der Produktivität und der menschlichen Faktoren eines Unternehmens, um eine Organisation „lern- und zukunftsfähig zu machen" (S. 94).

Stolzenberg und Heberle (2009) bezeichnen das Veränderungsmanagement als „Planung und Durchführung aller Aktivitäten, welche die betroffenen Führungskräfte und Mitarbeiter auf die zukünftige Situation vorbereiten und ihnen eine möglichst optimale Umsetzung der veränderten Anforderungen ermöglichen" (S. 5). Diese Definition soll als Grundlage der vorliegenden Arbeit gelten, weil sie im Einklang mit der Fokussierung der Forschungsthematik eher die beteiligten Menschen, als die Prozesse selbst, in den Vordergrund stellt.

Aus einer ähnlichen Perspektive beschreiben Kohnke und Wieser (2019) die Werte des Change Managements: „Change Management beschäftigt sich mit der ‚menschlichen Seite' einer Veränderung; Tools und Modelle sind lediglich Mittel zum Zweck" (S. 80) und „die Aufgabe des Change Managements ist es, durch Verhaltens- und Einstellungs-

2.1 Definition und Abgrenzung

änderungen die Erreichung definierter Veränderungsziele zu unterstützen" (S. 81).

Akteure im Change. Die Menschen, die vom Change betroffen sind, werden auch „Stakeholder" genannt (vgl. Krüger, 2014; Lies, Mörbe, Volejnik, & Schoop, 2011). Lauer (2019) definiert die Gruppe der Stakeholder:innen als „all diejenigen [...], die ein Interesse am Wandel haben – egal ob positiver oder negativer Natur" (S. 140). Es gäbe Stakeholder:innen *innerhalb* des Unternehmens, dazu gehörten alle beteiligten und betroffenen Mitarbeitenden aus den verschiedenen Hierarchieebenen und Funktionsbereichen, inkl. der Geschäftsleitung und dem Betriebsrat (Lauer, 2019). Lauer (2019) definiert auch, mitunter sehr einflussreiche, Stakeholder:innen, die sich *außerhalb* des Unternehmens befänden: „Externe Stakeholder sind vor allem Kunden und Lieferanten, aber auch Behörden, Politiker, Gewerkschaften oder Umweltschutzverbände" (S. 140). Neben der starken Priorisierung der Kommunikation mit internen Stakeholder:innen innerhalb eines Change-Management-Prozesses befürworten Krüger (2014) und Lauer (2019) zum Gelingen des Prozesses eine vorangehende „Stakeholder-Analyse", um potentielle Unterstützer:innen oder Gegner:innen bereits im Vorfeld zu identifizieren und entsprechende Kommunikationsstrategien zu planen. Da diese Arbeit sich unternehmensintern orientiert und die Sicht der betroffenen Mitarbeitenden analysiert, werden die externen Stakeholder:innen in der Betrachtung nicht bzw. nur am Rande berücksichtigt.

Die Rolle der Mitarbeitenden im Veränderungsprozess wird in der Literatur als sehr zentral beschrieben, denn die Mitarbeitenden sind in der Regel nicht nur umfassend von der Veränderung betroffen, sondern auch oft aktiv daran beteiligt (vgl. Doppler et al., 2014; Doppler & Lauterburg, 2014; Krüger, 2014; Lauer 2019). Krüger (2014) sieht das als wichtige Verantwortung der Führungskräfte: „[Die] Aktivierung und Einbindung [der Mitarbeitenden], ihre Motivation und Wandlungsakzeptanz [sind] wichtige Einflussfaktoren für den Wandlungserfolg" (S. 3). Erst wenn die Mitarbeitenden die Veränderung akzeptieren würden und bereitwillig sowie motiviert in den Prozess gingen, könne der Wandel zum Erfolg werden (Krüger, 2014). In der Capgemini Change-Management-Studie (2017) zum Thema „Digitaler Wandel" wurden „als die größten Hindernisse für den digitalen Kulturwandel [...] von den Befragten denn auch mangelnde Kommunikation mit den Mitarbeitern, Silodenken und kein oder unzureichender Umgang mit den Ängsten der Mitarbeiter genannt" (S. 5). Stolzenberg und Heberle (2009) beschreiben, dass Prozesse überwiegend auf einer rationalen oder analytischen Ebene geplant würden und die Interessen und Bedürfnisse der Mitarbeitenden dabei verlorengingen. Die individuelle Stimmung der Mitarbeitenden könne schwanken und habe gleichzeitig einen maßgeblichen Effekt auf den Veränderungsprozess. „Um Veränderungen [...] erfolgreich zu managen, ist es unerlässlich, sich mit der Lage der Betroffenen intensiv zu beschäftigen und sie professionell zu begleiten" (Stolzenberg & Heberle, 2009, S. 4).

Neben den Mitarbeitenden selbst gibt es weitere Faktoren, die den Erfolg eines Change-Management-Prozesses beeinflussen. Diese werden im nachfolgenden Kapitel dargestellt.

2.2 Erfolgsfaktoren

Um Change-Management-Prozesse möglichst erfolgreich abzuschließen, werden in der Literatur verschiedene Erfolgsfaktoren definiert. Während Lewin (1947) sich auf den optimalen Ablauf des Prozesses selbst fokussiert, definieren andere Autor:innen das Führungsverhalten und die Kommunikation als Faktoren für eine erfolgreiche Veränderung (vgl. Capgemini, 2015; Kotter, 2012; Lauer, 2019). Beide Sichtweisen werden im Folgenden dargestellt und ergänzen sich teilweise.

2.2.1 Feldtheorie und 3-Phasenmodell von Kurt Lewin

Lewin formulierte in seiner Feldtheorie zwei verschiedene sozialdynamische Kraftfelder, die sich auf die Veränderung auswirken würden: die „driving forces" und die „restraining forces" (Lewin, 1947, S. 28). Während die „driving forces" als Kräfte der Weiterentwicklung, der Be-

2.2 Erfolgsfaktoren

wegung und der Veränderung gesehen würden, gälten die „restraining forces" als die zurückhaltenden Kräfte des Verbleibens oder Festhaltens. Beide Kraftfelder haben nach Lewin (1947) ihre Daseinsberechtigung, könnten einen Veränderungsprozess jedoch auch beeinträchtigen. Lewin (1947) stellt darüber hinaus dar, dass die „driving forces" eine Veränderung unterstützten und antrieben, während sich die „restraining forces" auf die gewohnten Strategien besinnen würden, die bisher funktionierten und damit Sicherheit versprächen. Gelänge es, die Kraftfelder sinnvoll im Sinne des jeweiligen Prozessschrittes nutzbar zu machen, könne der Prozess nachhaltig funktionieren.

Lauer (2019) überträgt Lewins Ansatz auf den organisationalen Wandel: „Will eine Organisation auf Dauer überleben, dann muss sie ein Gleichgewicht zwischen diesen beiden gegenüberstehenden Kräftearten herstellen" (S. 68). Würden die „restraining forces" zu stark, könne dies die Veränderung beeinträchtigen und sogar zu einer rückwärtigen Entwicklung führen. Aber auch ein Übergewicht der „driving forces" könne sich ungünstig auswirken, weil die Organisation ihr Gleichgewicht nicht wiederfinde (Lauer, 2019). „Der permanente Wandel würde hier die Mitglieder überfordern und auch auf Dauer zu einem Leistungsabfall führen" (Lauer, 2019, S. 68).

Ausgehend von der Feldtheorie entwickelte Lewin das 3-Phasen-Modell des Wandels, welches auch heute noch als Change-Management-Prozess-Modell Verwendung findet (vgl. Doppler et al. 2014; Lauer, 2019). Es beschreibt die Phasen der Veränderung, wenn die Kraftfelder berücksichtigt werden: „unfreezing [...] the present level [...], moving to the new level [...], and freezing group life on the new level" (Lewin, 1947, S. 35). Nach Lewin (1947) würden in der ersten Phase der Veränderung, dem „unfreezing" (S. 35), die Situation und die Gruppe zunächst analysiert und die Kraftfelder identifiziert werden. Nach Krüger (2014) und Lauer (2019) würde in dieser Phase u.a. die, in Kapitel 2.1 beschriebene, Stakeholder:innen-Analyse stattfinden. Lauer (2019) zufolge kann die „Verminderung der retardierenden Kräfte" (S. 70) außerdem funktionieren, indem die Mitarbeitenden informiert, sensibilisiert und für den Veränderungsprozess motiviert würden. Ohne diesen „Grundimpuls" (Lauer, 2019, S. 70) würde „die dem Menschen und Organisationen immanente Trägheit gegenüber Veränderungen" (Lauer, 2019, S. 70) nicht überwunden und der Prozess drohe zu scheitern. In der zweiten Phase des „moving" sind nach Lewin (1947, S. 32f.) die „driving forces" für die Einleitung der Veränderung unverzichtbar. Lauer (2019) kommt zu dem Schluss, dass „die Veränderung selbst [...] ein anstrengender und [...] mit Rückschlägen versehener Prozess" (S. 70) wäre. Deshalb sei es wichtig, die Motivation innerhalb des Prozesses beizubehalten, um dadurch das Durchhaltevermögen der Mitarbeitenden aufrechtzuerhalten. Ein motivierendes Ziel könne hier die optimale Orientierung bieten (Doppler et al., 2014; vgl. Lauer, 2019). Doppler et al. (2014) beschreiben konkreter: „Dies geht nicht ohne Dialog, nicht ohne Begründung und Ableitung einer akzeptierten Diagnose des Ist, nicht ohne Glaubwürdigkeit der gemeinsamen Anstrengung und auch nicht ohne Verknüpfung mit den ganz persönlichen Nutzenerwartungen" (S. 109). In der dritten Phase, dem „freezing" (Lewin, 1947, S. 35), würde das Gleichgewicht der Kräfte wieder hergestellt werden, um die Veränderung zu integrieren und für eine neue Stabilität zu sorgen (vgl. Lauer, 2019; Lewin, 1947).

Krüger (2014) hat ebenfalls ein Modell entwickelt, welches die Phasen eines Wandlungsprozesses darstellt. Dieses Modell zeigt insgesamt fünf Phasen einer Veränderung, gleicht dem Modell von Lewin (1947) und dessen Interpretation von Lauer (2019) jedoch inhaltlich sehr stark. Da sich das Modell von Krüger im Gegensatz zu Lewins Modell direkt auf Change-Management-Prozesse in Unternehmen bezieht, wird es bezugnehmend auf das Forschungsthema hier kurz dargestellt (Abb. 1).

2.2 Erfolgsfaktoren

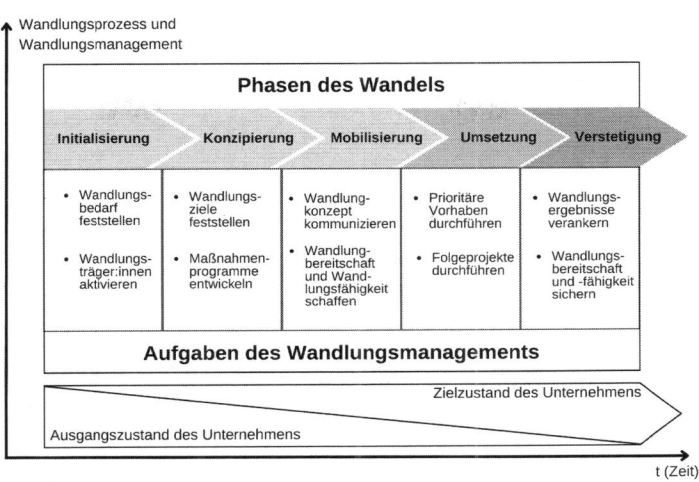

Abbildung 1   Wandlungsprozess und Wandlungsmanagement
(in Anlehnung an Krüger, 2014, S. 40)

Die ersten drei Phasen in Krügers Modell „Initialisierung", "Konzipierung" und „Mobilisierung" (Krüger, 2014, S. 40) enthalten alle Aktivitäten, die in Lewins Phase des „unfreezing" (Lewin, 1947, S. 35) dargelegt werden – die Situation wird analysiert, die Strategien entwickelt, die Mitarbeitenden informiert und befragt. In der Phase der „Umsetzung" (Krüger, 2014, S. 40) erfolgt das von Lewin (1947, S. 35) beschriebene „moving" – die Veränderung wird umgesetzt. Die von Krüger (2014, S 40) dargestellte Phase der „Verstetigung" beinhaltet das, was Lewin (1947, S. 35) mit dem „freezing" beschrieb – die Veränderung wird nachhaltig integriert.

Neben einem gut geplanten Prozess werden in der Literatur auch das Führungs- und das Kommunikationsverhalten beschrieben, welche den Erfolg von Change-Management-Prozessen sichern können. Diese werden nachfolgend dargestellt.

2.2.2 Erfolgsfaktoren in Führung und Kommunikation

Zur erfolgreichen Durchführung eines Change-Management-Prozesses finden sich in der Literatur verschiedene Handlungsansätze. Nachdem im nachfolgenden Abschnitt ein grober Überblick der grundlegenden Erfolgsfaktoren gegeben wurde, werden ausgewählte und für die Fokussierung der Forschungsthematik relevante Faktoren näher beschrieben.

Im Jahr 2012 befragte Capgemini in einer Change-Management-Studie ca. 150 Führungskräfte und Change-Management-Expert:innen zu den Erfolgsfaktoren des Change Managements. Als wichtigste Einflüsse wurden eine „klare Vision und Zieldefinition sowie aktive Kommunikation derselben", die „Situationsanalyse sowie Definition der Veränderungsstrategie", das „Commitment von Management und Mitarbeitern sicherstellen" sowie die „Einbindung der Stakeholder" (Capgemini, 2012, S. 27) identifiziert. Lauer (2019) beschreibt ähnliche Erfolgsfaktoren und ergänzt diese durch den Faktor „Integration" (S. 173), welcher besonders bei Unternehmensübernahmen eine wichtige Rolle spielen würde. Er beschreibt außerdem die Erfolgsfaktoren „Projektorganisation" (S. 199), „Konsultation" (S. 217), also das Einbinden externer Beratender, und „Evolution" (S. 231) zur Sicherung der Nachhaltigkeit des Wandels. Bezugnehmend auf den Forschungsgegenstand dieser Arbeit und auf die Fokussierung der Sichtweisen der Mitarbeitenden wurden für die weitergehende Betrachtung fünf Faktoren des erfolgreichen Führungs- und Kommunikationsverhaltens in Veränderungsprozessen zusammengefasst, die sich in der gängigen Fachliteratur stets wiederfinden (vgl. Doppler & Lauterburg, 2014; Kotter, 2012; Lauer, 2019; Stolzenberg & Heberle, 2009). Diese fünf Erfolgsfaktoren der Veränderung sind: Vision und Strategie, Führung, Kommunikation, Partizipation und Qualifikation. Sie werden im Folgenden näher beschrieben.

Vision und Strategie. Doppler und Lauterburg (2014) definieren den Begriff *Vision* als „eine allgemein gehaltene, positive Vorstellung vom Unternehmen in der Zukunft", die „etwas [...] über die angestrebte Identität der Firma oder der Institution" (S. 209) aussagt. „Sie ist eine Realutopie, also ein Zustand, der noch nicht erreicht ist, aber

2.2 Erfolgsfaktoren

grundsätzlich erreicht werden kann" (S. 209). Lauer (2019) beschreibt konkreter: „[Visionen] sind keine Utopien, sondern realistische, aber zugleich herausfordernde Zukunftsbilder als Ergebnis einer nüchternen Analyse des Unternehmens und seiner Umwelt" (S. 113). Er betont dabei, dass eine Vision der Veränderung vor der Veröffentlichung darauf geprüft werden solle, inwiefern die Umsetzung dieser Vision Nachteile für bestimmte Teile der Organisation haben könnte. Wäre dies der Fall, wäre nach Lauer (2019) eine „ethische Reflexion" (S. 113) und damit ggf. auch eine Veränderung der Vision angemessen, bevor diese veröffentlicht würde.

Doppler und Lauterburg (2014) beschreiben, in Abgrenzung zur Vision, die Strategie als den „grundsätzliche[n] Weg, auf dem die Hauptziele des Unternehmens erreicht werden sollen" (S. 209). Auch hier wird Lauer (2019) konkreter und geht davon aus, dass jede Strategie von einer optimalen Umsetzung abhinge und nur eine Kombination dieser beiden zum eigentlichen Erfolg führe. „Folglich ist eine geeignete Strategie eine notwendige, aber noch keine hinreichende Bedingung für Erfolg" (Lauer, 2019, S. 4). Erst, wenn die Mitarbeitenden die Vision und die geplante Strategie verstehen, seien sie in der Lage, darin auch einen Sinn zu sehen, um diese motiviert zu verfolgen (vgl. Doppler & Lauterburg, 2014; Kotter, 2012; Krüger, 2014). Doppler und Lauterburg (2014) vertreten dazu den folgenden Standpunkt: „Führung durch Sinngebung erweist sich […] in der Wirtschaft als einzig möglicher Weg, um Menschenmassen in großen und komplexen Organisationen auf ein gemeinsames Ziel hin zu orientieren" (S. 54). Auch für Krüger (2014) gehört die Entwicklung einer Vision, im Anschluss an die Analyse der Situation innerhalb und außerhalb der Organisation, zu den wichtigen Aufgaben der Unternehmensführung zu Beginn eines Veränderungsprozesses. Kotter (2012) sieht das ähnlich: „Vision refers to a picture of the future with some implicit or explicit commentary on why people should strive to create that future" (S. 71). Er betont dabei besonders die motivierende Wirkung der Vision im Wandel, weil nur eine Vision die Macht habe, alle Kräfte, die dazu führen, den Status-Quo beizubehalten, zu durchbrechen (Kotter, 2012). Die Vision solle zeigen, "this is how our world is changing and here are compelling reasons, why we should set these goals [...] to accomplish the goals" (Kotter, 2012, S. 71). Kotter (2012) geht davon aus, je klarer die Richtung sei, desto einfacher sei es, die richtigen Entscheidungen zu treffen. Wenn die Vision klar formuliert und kommuniziert sei, könne vor jeder Entscheidung geprüft werden, inwiefern diese zur Vision passt. Er weist der Vision eine große Bedeutung zu, da er meint: "with clarity of direction, inappropriate projects can be identified and terminated, even if they have political support" (Kotter, 2012, S. 71).

Führung. Führungskräfte hatten im klassischen Change-Management-Prozess in der Vergangenheit oft als einzige eine ausführende Rolle inne. Sie waren dafür zuständig, gemeinsam mit externen Beratenden den Prozess zu entwickeln und dann die Veränderung durchzuführen (vgl. Doppler et al., 2014; Kotter, 2012). Heute komme den Führungskräften hingegen eher eine begleitende Rolle zu (vgl. Doppler et al. 2014; Kotter, 2012; Lauer, 2019).

Bezugnehmend auf die Integration von Veränderungen verwendet Krüger (2014, S. 55) für "alle Aufgaben, Methoden und Techniken, die sicherstellen sollen, dass die angestrebten Ziele durch Anwendung und Nutzung der jeweiligen Maßnahmen erreicht oder übertroffen werden", den Begriff "Implementierung". Er beschreibt drei verschiedene Variationen der Implementierung von Veränderungen. Die "strikte Top down-Implementierung zielt auf schnelle Ergebnisse" (Krüger, 2014, S. 56). Sie habe das Ziel, die Veränderung möglichst effizient und, zur Reduzierung möglicher Widerstände, zunächst unbemerkt umzusetzen. Die Partizipation der Belegschaft erfolge bei dieser Strategie erst nachträglich. Die Herausforderung bestehe darin, dass die Strategie sehr überzeugend sein muss, damit die Mitarbeitenden die neue Situation schnell nachvollziehen und akzeptieren können (Krüger, 2014). Bei einem "Top down initiierten, aber partizipationsergänzten Vorgehen" (Krüger, 2014, S. 57) wähle das Topmanagement, nachdem die Veränderung entschieden ist, sogenannte "Wandlungsträger" (Krüger, 2014, S. 57) aus. Diese hätten die Aufgabe, die Veränderung zu verbreiten. "Ziele und Maßnahmen werden konzipiert und mit dem Betriebsrat

2.2 Erfolgsfaktoren

abgestimmt. Sodann erfolgen die Mobilisierungs- und Umsetzungsaktivitäten in abgestufter Weise" (Krüger, 2014, S. 57). Diese Strategie berücksichtigt nach Krüger (2014), den Aspekt „des unternehmensweiten Austauschs von Nachrichten und Wissen" (S. 57), um die Mitarbeitenden von Anfang an einzubeziehen und den Wandel so auch zu verstetigen. Krüger (2014) beschreibt im Gegensatz dazu die „Bottom up-Implementierung" (S. 56) als „völlig autonome, selbststeuernde" (S. 58) Form und meint gleichzeitig, dass eine „strategische Erneuerung ausschließlich durch die Basis [...] nicht möglich" (S. 58) sei. Die Vorteile dieser Strategie läge jedoch, so Krüger (2014), in der Reduktion der Widerstände und den Vorteilen aus der Nutzung des Gesamtwissens der Organisation. Krüger (2014) gibt gleichzeitig zu bedenken, dass „immer wieder Managemententscheidungen erforderlich [seien], z. B. um ein Vorgehen zu autorisieren, Budgets freizugeben oder Lösungen zur Ausführung zu bestimmen" (S. 58). Krüger (2014) befürwortet deshalb die Kombination der Implementierungsstrategien je nach Situation und Prozess-Phase.

Kotter (2012) beschreibt den „Top down initiierten, aber partizipationsergänzten" (Krüger, 2014, S. 57) Stil damit, dass die Führung eines Change-Management-Prozesses durch eine „guiding coalition" (S. 53) erfolgen solle, also durch eine Gruppe von Menschen, die hinter dem Vorhaben stünden und persönlich sowie fachlich in der Lage seien, diese zu leben und bis in die tiefsten Teile der Organisation zu transferieren (Kotter, 2012). Doppler und Lauterburg (2014) sowie Kotter (2012) meinen, dass gerade in der Weiterentwicklung der Führungsrolle in Richtung „Leadership" das Potential für erfolgreichere Veränderungsprozesse liege. Doppler und Lauterburg (2014) definieren diese neue Art der Führung als die Aufgabe, „Rahmenbedingungen zu schaffen, die es normal intelligenten Mitarbeiterinnen und Mitarbeitern ermöglichen, ihre Aufgaben selbstständig und effizient zu erfüllen" (S. 73). Sie betonen dabei, dass es weniger um die Verteilung und Verwaltung der Arbeit, sondern eher um ein Begleiten der Mitarbeitenden im Prozess geht (Doppler & Lauterburg, 2014).

Lauer (2019) hingegen übersetzt den Begriff „Leadership" als „transformatorische Führung im eigentlichen Sinne, mit dem Gedanken des Wandels verbunden" (S. 90). „Statt der ordnenden Hand stehen hier vielmehr Motivation, Inspiration und Kommunikation im Vordergrund. Die transformatorische Führungskraft ist damit viel stärker Initiator und Treiber des Wandels, als Steuermann desselben" (Lauer, 2019, S. 89f.). Lauer ordnet jedoch auch dem „transaktionale[n] Führungsstil" einen nützlichen Platz im Veränderungsprozess zu. Die „Sorge für Ordnung und Beständigkeit im komplexen Großunternehmen" (Lauer, 2019, S. 90), welche diesen Führungsstil ausmache, gewinne wieder an Relevanz, wenn der Change-Management-Prozess ein Entwicklungsstadium erreicht habe, in welchem gute Planung und Steuerung erfolgsbestimmend seien. Er präferiert deshalb, wie Krüger (2014), eine gute Mischung dieser Führungsstile, ganz im Sinne der jeweiligen Veränderungsphase (Lauer, 2019).

Kommunikation. Man kann „wie immer man es auch versuchen mag, nicht *nicht* kommunizieren" (Watzlawick, Beavin, & Jackson, 2017, S. 59). Dies ist eine wesentliche Erkenntnis in der zwischenmenschlichen Kommunikation im Allgemeinen und damit auch im Change Management. Reiners (2015) betont, wie wichtig es sei, dass allgemein verständlich und nicht nur nach außen, sondern auch nach innen kommuniziert werde, denn „Unternehmen, die nicht kommunizieren, werden als nicht geführt wahrgenommen" (S. 92). Auch Watzlawick et al. (2017) sind der Ansicht, dass „Handeln oder Nichthandeln, Worte oder Schweigen [...] alle Mitteilungscharakter [haben]" (S. 59). Diese Grundlage der Kommunikationspsychologie könne bedeuten, dass der Top down-Stil einer Veränderung die Gefahr berge, dass die bewusst unterlassene Kommunikation (vgl. Krüger, 2014; Lauer 2019) trotzdem als eine Art Botschaft bei den Mitarbeitenden ankomme. Aus diesem Grund wird im Folgenden die Wirksamkeit der Kommunikation im Veränderungsprozess dargelegt.

Lies und Schoop (2011, S. 17) definieren „Change Communications" als "Management der weichen Faktoren". Sie weisen gleichzeitig darauf hin, dass es in einem komplexen Change-Management-Prozess keine

2.2 Erfolgsfaktoren

Trennung von Change Communications und Change Management, also der weichen und harten Faktoren, geben sollte. Dies begründen sie mit dem Standpunkt: „Kommunikation allein ist leer und kraftlos, wenn Führungskräfte ihr Mandat für Veränderungen nicht authentisch und mit Nachdruck unterstützen" (Lies & Schoop, 2011, S. 18). Reiners (2015, S. 91) sieht die Bedeutsamkeit der Kommunikation im Change darin, dass „es [...] die Führungskräfte und Mitarbeiter [sind], die den wegweisenden Gedanken des Top-Managements Leben einhauchen müssen". Deshalb könne eine Vision nur dann ein Erfolgsfaktor sein, wenn sie auch kommuniziert würde. Ähnlich stellt Kotter (2012) es dar: „The real power of a vision is unleashed only when most of those involved [...] have a common understanding of its goals and direction" (S. 87). Kotter (2012) kritisiert, dass Führungskräfte in der Regel zu wenig kommunizieren oder sogar versehentlich widersprüchliche Botschaften senden würden. Er hebt hervor, dass die Vision, besonders wenn sie zunächst von einem Führungsteam entwickelt wurde, in der Belegschaft häufig noch stark diskutiert wird. Auch wenn es sehr wichtig sei, die Vision auf allen Kanälen zu kommunizieren, spiele das Feedback, also die dialogische Kommunikation über die Veränderungspläne, eine wichtige Rolle. „Most human beings, especially well-educated ones, buy into something only after they have had a chance to wrestle with it. Wrestling means asking questions, challenging and arguing" (Kotter, 2012, S. 102). Nach Kotter (2012) ergebe sich dadurch der Vorteil, dass die Vision auf diese Weise nochmals tiefgründig auf Sinnhaftigkeit überprüft werde. Ein Nachteil könne hingegen sein, dass die Vision aufgrund der Diskussionsergebnisse nochmals umformuliert werden müsse und damit ein höherer Aufwand entstünde. Kotter (2012) sieht diesen Nachteil jedoch als günstigere Alternative im Vergleich mit dem Verlust von Mitarbeitenden auf dem Weg der Veränderung. Die Bedeutung von Feedback betonen auch Doppler et al. (2014, S. 261): „Feedbackschleifen sind ein hervorragendes Mittel der Systemkontrolle und Voraussetzung für seine Weiterentwicklung. [...] Feedback-Prozesse schaffen Transparenz und dienen gleichzeitig als Frühwarnsystem, indem sie auf Handlungsbedarf hinweisen."

Helpap, Bekmeier-Feuerhahn und Pinkernelle (2017) haben, in einer Studie zur Ambivalenz in der Einstellung von Mitarbeitenden gegenüber organisationaler Veränderung, ebenfalls die Kommunikation als wichtigsten Einflussfaktor identifiziert. Sie unterscheiden die Wirkung einer „programmatischen Kommunikation" und einer „partizipativen Kommunikation" (Helpap et al., 2017, S. 212). Die programmatische Kommunikation komme überwiegend beim bereits beschriebenen top-down Change Management zum Tragen, bei welchem die Mitarbeitenden im besten Fall ausführlich informiert, jedoch nicht einbezogen würden. Der partizipative Kommunikationsansatz beschreibe die wechselseitige Interaktion aller Beteiligten. Alle Stakeholder:innen würden einbezogen und es entstünde ein Dialog (Helpap et al., 2017). Die Studie ergab, dass in der partizipativen Change-Kommunikation überwiegend positive Einstellungen zur Veränderung erkennbar seien, in der programmatischen Kommunikation hingegen eher ambivalente oder negative Einstellungen entstünden (Helpap et al., 2017).

Partizipation. Lies, Volejnek und Mörbe (2011) beschreiben „mit echter Partizipation [...] die Einbindung der Mitarbeiter und Führungskräfte einer Organisation in Analyse, Konzeption, Umsetzung und Controlling eines Change-Projekts [...]" (S. 83). Zusätzlich „bildet [sie] ein wesentliches Fundament für das Commitment (Unterstützung durch Selbstverpflichtung)" (S. 83). Laut Zlöbl (2019) zeige die Entwicklung in Organisationen, dass deren Mitglieder heute mehr von der Organisation als arbeitgebende Instanz erwarteten, weil sie sich über die eigene Bedeutung innerhalb des Systems stärker bewusst seien. Es reiche „oft nicht mehr aus, lediglich transparent zu delegieren und auf blinde Gefolgschaft zu hoffen" (Zlöbl, 2019, S. 262).

Lewin forschte in den 1940er Jahren dazu, wie Menschen mit Veränderung in sozialen Gruppen umgehen. Er beschrieb, dass Menschen aufgrund von sozialen Gewohnheiten eine natürliche Resistenz gegen Veränderungen hätten und diese Resistenz auch in sozialen Gruppen zu beobachten sei (Lewin, 1947). Gleichzeitig zeigte er auf, dass Veränderungen, die durch Gruppenentscheidungen initiiert wurden, motivierter und nachhaltiger umgesetzt würden. „In case of group decision,

2.2 Erfolgsfaktoren

the eagerness seems to be relatively independent of personal preference; the individual seems to act mainly as ‚group member'" (Lewin, 1947, S. 37).

Die Beschreibung der Partizipation als Erfolgsfaktor im Change Management habe einerseits damit zu tun, dass die Einbeziehung als bevorzugte Intervention zur Verhinderung von Widerständen gilt und andererseits damit, dass das Wissen der Belegschaft als wertvolle Quelle der Nachhaltigkeit und Weiterentwicklung angesehen werde (vgl. Doppler et al., 2014; Kotter, 2012; Lauer, 2019). Lauer (2019) beschreibt als Grundannahme hinter dem Konzept der Partizipation, dass Menschen, die selbst die Verantwortung für einen bestimmten Bereich erhalten, sich darin schneller und einfacher einrichten könnten, als wenn sie nur inhaltlich informiert würden und selbst keinen Gestaltungs- und vor allem Entscheidungsspielraum hätten. „Durch die Einbeziehung möglichst vieler Mitarbeiter[Innen] in den Prozess des Wandels erhöht sich in der Regel deren Motivation und die Widerstände nehmen ab" (Lauer, 2019, S. 153). Reiners (2015) differenziert hingegen „wo eine Organisation eine fundamentale Identitäts- und Sinnkrise zu bewältigen hat [...] wird das Bedürfnis an Mitwirkung deutlich höher sein als in einer Situation, in der lediglich einzelne Prozessstrukturen des Unternehmens neu organisiert wurden" (S. 107). Er übernimmt den Standpunkt, dass eine strategisch durchdachte Auswahl der einzubeziehenden Mitwirkenden stattfinden solle und fokussiert sich eher auf die Mitglieder einer Organisation, die das Veränderungsvorhaben negativ beeinflussen könnten, wie z.B. angesehene, langjährige Mitarbeitende oder der Betriebsrat (Reiners, 2015). Reiss, Prentice, Schulte-Cloos, und Jonas (2019) betrachten die Vorteile einer Partizipation eher aus der Sicht der Mitarbeitenden: „Wenn MitarbeiterInnen [...] das Gefühl haben, dass ihre Bedürfnisse berücksichtigt wurden, erleben sie weniger Diskrepanzen zwischen eigenen Bedürfnissen und Realität. Sie nehmen Veränderungsprozesse als weniger bedrohlich wahr, empfinden weniger Angst und sind eher bereit, diese Prozesse zu unterstützen" (S. 157).

Qualifikation. Lauer (2019) beschreibt die Qualifikation der Mitarbeitenden für den Wandel als „Re-Edukation" (S. 185) und definiert damit „allgemein Maßnahmen der Personalentwicklung […], die im Rahmen von Veränderungsvorhaben darauf abzielen, individuelle Fähigkeiten zu verbessern und Einstellungen zieladäquat zu verändern" (S. 185). Die „Re-Edukation" bezieht er dabei auf die drei Ausbildungsbereiche „Wissen", „Können" sowie „Verhalten und Einstellung" (S. 186). Der Bereich „Wissen" stünde für fachliche Kenntnisse, beim „Können" ginge es um „den Erwerb von Fähigkeiten und Fertigkeiten" (Lauer, 2019, S. 186), also um die Anwendung des neuen Wissens. Der Bereich „Einstellung und Verhalten" umfasse die eher weichen Faktoren wie Werte und Einstellungen (Lauer, 2019). Eine ähnliche Aufstellung machen Doppler und Lauterburg (2014).

Kotter (2012) betont den Nutzen der Qualifikation als einen wichtigen Faktor, um die Handlungsfähigkeit der Mitarbeitenden in der Veränderung zu sichern. Er betont dabei, dass es nicht um die Menge an Trainings ginge, welche die Mitarbeitenden erhalten, sondern vorrangig um die passgenaue Maßnahme: „Some training could be required at this stage in a transformation, but it needs to be the right kind of experience" (Kotter, 2012, S. 113). Becker (2014) weist hingegen auf die Grenzen in der Wandlungsfähigkeit des Menschen hin: „Neben der kognitiven Aufnahmefähigkeit wirken vor allem Grenzen der Verhaltensflexibilität und tief verankerte Persönlichkeitsmerkmale als Wandlungsbarriere" (S. 215). Becker (2014) vertritt den Standpunkt, dass, wenn der Qualifikationsbedarf für den Wandel analysiert wurde, in „einer Potenzialbeurteilung das individuelle Entwicklungspotenzial (sog. latentes zukünftiges bzw. potenzielles Qualifikationspotenzial) zu analysieren [sei], um eine Überforderung der Mitarbeiter zu vermeiden" (S. 215). Wenn jedoch die passende Personalentwicklungsmaßnahme angewendet wird, kann laut Becker (2014) eine Qualifizierung der Mitarbeitenden in den notwendigen Kenntnissen und Fertigkeiten sogenannte „Fähigkeitsbarrieren" (S. 216) reduzieren. In der strategischen Planung seien Qualifizierungsmaßnahmen bereits in der Startphase der Veränderung notwendig, um die Mitarbeitenden von vornherein für den Wandel zu mobilisieren. Becker (2014) gibt außerdem zu bedenken, dass genau in dieser Phase die Personalressourcen knapp seien, weil die Vorbereitung der Umsetzungsphase viel Personal binde. Becker (2014) führt auch das häufige Fehlen von Personalentwicklung vor Change-Management-Prozessen darauf zurück und sieht hierin die Begründung dafür, dass häufig weder Mitarbeitende noch Führungskräfte hinreichend für die geänderten Rollen oder Aufgaben gerüstet seien (Becker, 2014, S. 217).

Abschließend kann zusammengefasst werden, dass die fünf Faktoren *Vision und Strategie*, *Führung*, *Kommunikation*, *Partizipation* und *Qualifikation* von allen genannten Autor:innen als sehr relevant in der erfolgreichen Durchführung von Change-Management-Prozessen gesehen wird. Wie es zum Scheitern der Prozesse kommen kann, wenn diese Faktoren zu wenig berücksichtigt werden, stellt das nachfolgende Kapitel dar.

2.3 Scheitern von Change-Management-Prozessen

Um den Begriff des Scheiterns einzugrenzen, ist die Definition aus dem Duden eine passende Arbeitsgrundlage für die vorliegende Arbeit. Hier wird Scheitern als der Zustand definiert, „ein angestrebtes Ziel o.Ä. nicht [zu] erreichen, keinen Erfolg [zu] haben" (www.duden.de, abgerufen am 29.03.2020). Kuhnert, Thomann, Wehner und Clases (2016) ergänzen: „Zugleich hebt sich das Scheitern in seiner existentiellen Tragweite vom alltäglichen Missgeschick ab" (S. 14). Inwiefern ein Scheitern tatsächlich als Scheitern angesehen wird, hinge davon ab, welche Perspektive dazu eingenommen und wie das Geschehene bewertet werde (Kuhnert et al., 2016). Diese Annahme kann als eine Grundlage des Fehlermanagements gesehen werden, welches in Kapitel 3 näher betrachtet wird.

Kotter (2012) beschreibt den Zustand des Scheiterns eines Change-Management-Prozesses hingegen recht drastisch: „The improvements have been disappointing and the carnage has been appalling with wasted resources and burned-out, scared, or frustrated employees" (S. 4).

2. Change Management

Nachdem seit vielen Jahren bekannt ist, wie viele Change-Management-Prozesse scheitern (vgl. Doppler & Lauterburg, 2014; Lauer, 2019; Stolzenberg & Heberle, 2009), gibt es diverse Erklärungsansätze dafür, wie es dazu kommen kann. Lauer (2019) stellt dar, dass Organisationen häufig bereits scheitern, bevor ein Change-Management-Prozess eingeleitet wurde, weil unterschiedliche Hemmnisse den Wandel verhindern. Er beschreibt die „Vermeidung kognitiver Dissonanz" (S. 35), also das Beibehalten der eigenen gewohnten Haltung bis „echte Unzufriedenheit" (S. 35) auftritt, als einen Grund für vermiedenen Wandel. Weitere Ursachen könnten die Ausprägung der Unternehmenskultur, Kostenargumente und auch eine zu hohe Komplexität sein (Lauer, 2019).

Die Fälle, in denen ein Unternehmen gar nicht erst in den Veränderungsprozess einsteigt, werden in dieser Arbeit nicht näher beleuchtet. Der Forschungsgegenstand dieser Arbeit fokussiert sich auf Unternehmen und Organisationen, welche die Notwendigkeit einer Veränderung erkannten, in den Prozess starteten und im Verlauf dessen gescheitert sind. Im Folgenden werden die Gründe dargestellt, welche zum Scheitern von Change-Management-Prozessen führen können.

2.3.1 Gründe für das Scheitern

Als einer der Hauptgründe für das Scheitern von Veränderungsprozessen wird der Widerstand der Mitarbeitenden gegen die Veränderung gesehen (vgl. Becker, 2014; Doppler et al., 2014; Lauer, 2019). Wird der Change-Management-Prozess in seinen Phasen und Erfolgsfaktoren betrachtet (Kap. 2.2), scheint der Widerstand der Mitarbeitenden häufig ein Resultat verschiedener Management-Fehler oder Hindernisse in der Kommunikation zu sein (vgl. Doppler et al., 2014; Ford, Ford, & D'Amelio, 2008; Lauer, 2019).

Um einen logischen Aufbau zu sichern und dem Widerstand, in seiner Tragweite für das Thema dieser Arbeit, den notwendigen Raum zu geben, wird dieser in einem nachgelagerten Kapitel (2.3.2) behandelt. In der Darstellung möglicher Gründe für das Scheitern eines Change-Management-Prozesses begrenzt sich diese Arbeit auf die Handlungs-

2.3 Scheitern von Change-Management-Prozessen

felder „Führung" und „Kommunikation", weil diese dem gewählten Forschungsfeld am nächsten erscheinen. Unternehmensexterne Gründe für das Scheitern werden im Sinne der Fokussierung bewusst nicht betrachtet.

Kotter (2012) hat acht Gründe für das Scheitern definiert, die sich überwiegend in den Themenbereichen „Führung" und „Kommunikation" bewegen sowie in ähnlicher Form von anderen Autor:innen identifiziert (vgl. Becker, 2014; Doppler et al., 2014; Lauer, 2019) und in Studien (vgl. Capgemini, 2017; De Vries, Jehn, & Terwel, 2012; Houben, Frigge, Trinczek, & Pongratz, 2007) bekräftigt wurden. Diese acht Gründe werden im Folgenden beschrieben.

Fehlende Dringlichkeit (Kotter, 2012). Kotter (2012) schreibt der kommunizierten Dinglichkeit in einem Veränderungsprozess eine große Bedeutung zu: „Visible Crisis can be enormously helpful in catching people´s attention and pushing up urgency levels" (S. 47). Sollten die Mitarbeitenden nicht erkennen, dass der Veränderungsprozess nicht nur sinnvoll, sondern auch dringend notwendig für das weiterhin erfolgreiche Bestehen der Organisation sei, dann würden sie den Prozess nicht unterstützen, sondern die geplanten Schritte eher als unangenehmen Eingriff in ihre gewohnte Arbeitsweise betrachten (Kotter, 2012). Während Kotter (2012) die Dringlichkeit als den wichtigsten Faktor für einen erfolgreichen Start in einen Veränderungsprozess beschreibt, warnen Doppler und Lauterburg (2014) vor einer „Strategie der gezielten Verängstigung" (S. 110). Würde die Belegschaft mit vermeintlichen Worst-Case-Szenarios zu sehr in Angst versetzt, folgten darauf Reaktionen wie Widerstand, Flucht oder Erstarrung. Besonders schwierig sei es, wenn eine vermeintliche Krisensituation „enttarnt" würde, weil die Führungsperson dann das Vertrauen verliere und in wahren Krisen nicht mehr ernst genommen werde (Doppler & Lauterburg, 2014). Ford et al. (2008) weisen zusätzlich darauf hin, dass ein starkes Gefühl von Dringlichkeit in der Veränderung auch zur Folge haben könne, dass die verantwortlichen Führungskräfte deutlich ungeduldiger, weniger tolerant und schneller frustriert seien, wenn die Mitarbeitenden nicht sofort so agieren, wie es von ihnen erwartet wird.

Schwaches Führungsteam (Kotter, 2012). Nach Kotter (2012) sollte eine fähige Führungskraft nicht nur selbst absolut überzeugt vom Sinn der Veränderung sein, sondern diese auch vorbildhaft leben. Der Autor betrachtet es als in Veränderungsprozessen absolut hinderlich, wenn die Mitarbeitenden nach neuen Strategien arbeiten sollen und schnell erkennen, dass die Führungskräfte dies jedoch nicht tun. Dies führe nicht nur strukturell zu Problemen, sondern demotiviere auch die ggf. ambitionierten Mitarbeitenden, weil sie den Eindruck verlieren würden, dass die Veränderung tatsächlich Sinn macht und wichtig ist (Kotter, 2012).

Die Change-Management-Studie 2015 (Capgemini, S. 17) beschreibt drei verschiedene Führungsrollen in Veränderungsprozessen: den „Change Leader", den „Change Manager" und den „Change Controller". Die im Veränderungsprozess erfolgreichsten Führungskräfte seien demnach die „Change Leader". 60% der „Change Leader" seien seit mindestens fünf Jahren in einer Führungsposition und schöpften daher aus einem wertvollen Erfahrungsschatz. Sie würden selbstständig und ohne Machtstreben denken, wenngleich sie oft die Verantwortung für größere Teams trügen. „Change Leader" würden selbst sehr viel bewegen und ließen sich ungern von außen steuern. Sie wüssten außerdem, welchen starken Einfluss Emotionen auf den Verlauf eines Veränderungsprozesses haben könnten und agierten deshalb eher „partizipativ" (Capgemini, 2015, S. 23). „Change Manager" hingegen werden in der Studie als „projekterfahrene Manager in Konzernen, mit viel Expertenwissen (Methodenwissen) im Change Management" (S. 23) beschrieben, wobei diese auch als externe Beratende ins Unternehmen kommen könnten und sich im Change Management eher hierarchisch orientierten (Capgemini, 2015). „Change Controller" seien oft erfahrene Führungskräfte, die jedoch eher zufällig eine Rolle im Change-Management-Prozess erhalten hätten. „Sie haben wenig Erfahrung mit Veränderungsprojekten [und] orientieren sich stark an der Hierarchie (top-down)" (Capgemini, 2015, S. 23).

Im Gegensatz zu diesen Ausführungen betont Bach (2014) die Vielseitigkeit der Führung im Wandel und meint, dass „Führung nicht mehr an einer Stelle in der Unternehmenshierarchie [...] ausgeübt werden sollte, sondern dass anstehende Führungsaufgaben jeweils situativ an der hierarchischen Position und von der Person übernommen werden sollten, die mit der Führungsherausforderung konfrontiert ist" (S. 100). Dass ein schwaches Führungsteam ein Grund für das Scheitern sein kann, haben auch Houben et al. (2007) in einer Studie mit allen deutschen Großunternehmen festgestellt. 61% der Befragten gaben an, das „unzureichende Engagement der oberen Führungsebene" (S. 7) als Grund für das Scheitern eines Change-Management-Prozesses zu sehen.

Fehlende Vision (Kotter, 2012). Kotter (2012) meint, wenn nicht feststehe, wohin die Veränderung führen solle und welche Vorteile daraus entstehen würden, dann sei der Change-Management-Prozess nichts anderes als eine Liste von Dingen, die abgearbeitet wird. Die Wahrscheinlichkeit, dass die Motivation aller Beteiligten schnell wieder verfliegt, sei sehr hoch (Kotter, 2012). Lauer (2019) vertritt einen ähnlichen Standpunkt: „Das Erreichen eines lohnenswerten Ziels [ist] auch ein wichtiger motivationaler Baustein, der sowohl die Startträgheit überwinden hilft, als auch Ausdauer im Veränderungsprozess fördert" (S. 75). Als wichtige Grundlage für eine erfolgreiche Vision beschreibt Lauer die motivierende Formulierung des Ziels sowie dessen Bedeutung, Anziehungskraft und Relevanz für möglichst viele der beteiligten Personen. „Unklare Zielbilder und Visionen der Veränderungsprozesse" zeigen auch Houben et al. (2007, S. 7) als zweithäufigsten Grund für das Scheitern von Change-Management-Prozessen auf.

Unzureichende Kommunikation (Kotter, 2012). Kotter (2012) ist der Ansicht, dass die Kommunikation großen Einfluss im Verändungsprozess hat: „Without credible communication, and a lot of it, employees´ hearts and minds are never captured" (S. 9). Er beschreibt drei maßgebliche Fehler in der Kommunikation, die das Scheitern von Change-Management-Prozessen begünstigen würden. Selbst wenn eine gute Vision formuliert wurde, passiere es, dass diese nicht breit genug kommuniziert werde, sondern nur zu besonderen Gelegenheiten, mithilfe von vereinzelten Emails oder Meetings (Kotter, 2012). Der zweite Fehler in der Kommunikation sei, wenn diese zwar umfangreich, aber nur von einer einzelnen leitenden Person komme und alle anderen Führungskräfte dazu schweigen würden (Kotter, 2012). Der dritte Fehler besteht laut Kotter (2012) darin, dass zwar eine weitreichende Kommunikation der Vision stattfinde, dieser aber keine Taten folgten: „Nothing undermines change more than behavior by important individuals that is inconsistent with the verbal communication" (Kotter, 2012, S. 10). Deutinger (2017) unterstreicht Kotters Aussagen, indem sie die Wichtigkeit der Planung, der Organisation und der Struktur der Change-Kommunikation hervorhebt, damit eine Vermeidung von Gerüchten, Flur-Gesprächen oder unsachlichen Kommentaren über das Vorhaben erfolgt. Sie betont gleichzeitig, dass Change-Kommunikation auch die Aufgabe habe, mit den Gefühlen, wie „Unsicherheit, Angst, Wut bis zur Langweile oder im besten Fall Begeisterung", also den „weichen Faktoren" (Deutinger, 2017. S. 4) der Veränderung, umzugehen. Während Deutinger (2017) die Kommunikation als den wichtigsten Faktor zum Gelingen von Change-Management-Prozessen bezeichnet, halten Houben et al. (2007) fest, dass dies nicht so ist. Die Studie zeige, dass „entgegen der gängigen Auffassung in der Praxis [...] Kommunikation kein ausreichendes Mittel [ist], um Motivation zu erzeugen" (S. 5), während die Motivation selbst jedoch ein zentraler Faktor der gelingenden Veränderung sei. Die Studie stellt gleichzeitig verschiedene Aspekte des Scheiterns dar, die sich in Deutingers (2017) Auffassung der Aufgaben der Change-Kommunikation wiederfinden. Die „lückenhafte oder verspätete Kommunikation" (Houben et al., 2007, S. 7) mit den Mitarbeitenden steht auf Platz fünf der Gründe für das Scheitern, gleich dahinter auf Platz sechs finden sich die „unzureichenden Möglichkeiten zur Bewältigung von Angst und Widerständen" (Houben et al., 2007, S. 7) sowie auf Platz 10 das fehlende „Vertrauen in der Kommunikation zwischen Mitarbeitenden und Führungskräften" (Houben et al., 2007, S. 7).

Unerkannte Hemmnisse (Kotter, 2012). Sobald im Veränderungsprozess Barrieren sichtbar werden, gilt es laut Kotter (2012), diese ernst zu nehmen und möglichst zu eliminieren. Barrieren könnten technische

2.3 Scheitern von Change-Management-Prozessen

oder strukturelle Grenzen im Unternehmen sein, die es verhinderten, die Veränderung zu leben (Kotter, 2012). Es könnte sich auch um Barrieren in den Köpfen der Menschen handeln, meint Kotter (2012), denn Veränderung bringe Angst mit sich. Er zeigt auf, dass diese Tatsache oft unterschätzt und zu wenig ernst genommen wird. Widme man sich im Change-Prozess auch den verhindernden Elementen des Wandels, dauere der Prozess zwar manchmal länger, sei aber häufig deutlich erfolgreicher (Kotter, 2012). Brehm und Petry (2014, S. 307) beschreiben „Wandlungsbarrieren", die in der Umsetzungsphase auftreten könnten und deshalb bereits in der Konzeption berücksichtigt werden sollten. Sie unterscheiden zwischen „Willensbarrieren" und „Fähigkeitsdefiziten" (S. 310). „Willensbarrieren" würden vorliegen, „wenn zwar die notwendigen Wandlungsfähigkeiten vorhanden sind, aber die Bereitschaft zum Handeln fehlt" (Brehm & Petry, 2014, S. 307). „Fähigkeitsdefizite" bedeuteten hingegen einen Mangel an Kenntnissen und Fertigkeiten, die die Mitarbeitenden für den Wandel bräuchten und durch eine Qualifizierung aufbauen könnten. „Im ungünstigsten Fall fehlender Bereitschaft und Fähigkeiten (Reformstau) stellt sich dem Wandlungsmanager ein Maximum an Barrieren entgegen, der Wandlungsprozess wird zum Hürdenlauf" (Brehm & Petry, 2014, S. 310).

Fehlende Erfolgserlebnisse (Kotter, 2012). Ein Change-Management-Prozess ist oft komplex und braucht viel Zeit, um nachhaltig erfolgreich zu sein. Laut Kotter (2012) würden Mitarbeitende innerhalb von sechs bis achtzehn Monaten Beweise dafür erwarten, dass der Prozess Sinn macht und die Vision erreichbar ist. „Without short-term wins, too many employees give up or actively join the resistance" (Kotter, 2012, S. 12). Lauer (2019) beschreibt ebenfalls, dass die Motivation der Mitarbeitenden nachlässt, wenn die Vision nicht schnell genug erlebbar ist. „Um dieses Phänomen zu überwinden bzw. ihm wirksam vorzubeugen, empfiehlt sich für den Projektleiter von Anfang an darauf zu achten, realistische Zwischenziele zu setzen. Werden diese Zwischenziele erreicht, bleibt die Gruppenmotivation auf dem Weg zur Vision besser erhalten" (Lauer, 2019, S. 210).

Den Sieg zu schnell verkünden (Kotter, 2012). Wird ein Projekt zu schnell für vollendet erklärt, weil sich die gewünschte Veränderung bereits zeigt, ist dies laut Kotter (2012) gefährlich, weil die Veränderung dann keine Chance hat, sich zu integrieren. „Declaring victory too soon is like stumbling into a sinkhole on the road to meaningful change" (Kotter, 2012, S. 14). Lewin (1947) meint ebenfalls, dass Veränderung zunächst eher kurzlebig sei: „After a ‚shot in the arm', group life soon returns to the previous level" (S. 34). Gerade deshalb komme der dritten Phase, dem „freezing" (Lewin, 1947, S. 35), eine große Bedeutung zu, da hier die Veränderung erst integriert werde und die Stabilität zurückkomme.

Die wichtigsten Veränderungen nicht in der Unternehmenskultur verankern (Kotter, 2012). Doppler und Lauterburg (2014, S. 111) definieren „Unternehmenskultur" als „die Gesamtheit der geschriebenen und ungeschriebenen Traditionen, Gesetze und Werte, die das Denken, Fühlen und Handeln der Organisationsmitglieder beeinflussen".

Kotter (2012) befürwortet einen sehr tiefgehenden Kulturwandel, wenn die Veränderung langfristig erhalten bleiben soll. „Change sticks only when it becomes ‚the way we do things around here', when it seeps into the very bloodstream of the work unit or corporate body" (Kotter, 2012, S. 14). Wird den Mitarbeitenden nicht gezeigt, welche Wege konkret zur Veränderung führten, dann geschehe es schnell, dass diese ihre eigenen Schlüsse ziehen. Dies könne zu tragischen Missverständnissen und damit zu einer Rückwärtsbewegung des Veränderungsprozess und seiner entsprechenden Erfolge führen (Kotter, 2012). Nach Kotter (2012) sollten auch die Kriterien der Personalentwicklung und -rekrutierung an die neue Vision angepasst werden, sodass die Veränderung auch mögliche Generationswechsel überstehe.

Burnes und Jackson (2011) stellten mit ihrer Studie dar, dass einer der Gründe für das Scheitern von Veränderungsprozessen in der fehlenden oder zumindest unzureichenden Angleichung des Ziel-Werte-Systems mit dem bestehenden Werte-System der am Wandel Beteiligten bestehe. Wenn die neue Vision nicht den Werten der StakeholderInnen

2.3 Scheitern von Change-Management-Prozessen

entspricht, sei es wahrscheinlicher, dass diese die Veränderung nicht unterstützen oder sich sogar aktiv dagegenstellen würden.

Es zeigt sich, dass ein Change-Management-Prozess aus verschiedenen Ursachen scheitern kann, die in der Literatur teilweise ähnlich und teilweise aus sehr unterschiedlichen Perspektiven betrachtet werden. Eine häufige Folge der beschriebenen Management-Fehler ist der Widerstand der Mitarbeitenden, welcher im folgenden Kapitel untersucht wird.

2.3.2 Widerstände von Mitarbeitenden

Nachdem eine gezielte Auswahl möglicher Kommunikations- und Führungsfehler als Begründung für das Scheitern dargestellt wurde, widmet sich dieses Kapitel dem starken Einfluss, den die betroffenen Mitarbeitenden durch Widerstand auf die Veränderung haben können. Auch der Umgang mit diesem Widerstand wird nachfolgend erläutert.

In Veränderungsprozessen, „die auch bei sorgfältiger Prüfung als sinnvoll, ‚logisch' oder sogar dringend notwendig erscheinen", sehen Doppler und Lauterburg (2014, S. 354) „diffuse Ablehnung [...], nicht unmittelbar nachvollziehbare Bedenken [...] oder [...] passives Verhalten" seitens der Mitarbeitenden als Widerstand. Sie betonen die Bedeutung dieses Phänomens, indem sie schreiben: „Widerstand ist der siamesische Zwilling von Veränderung, also eine völlig normale Reaktion der Betroffenen" (Doppler et al., 2014, S. 11). Von dieser Grundannahme gehen auch andere Autor:innen bei der Betrachtung von Change-Management-Prozessen aus (vgl. Ford et al., 2008; Krüger, 2014; Lauer, 2019).

Doppler und Lauterburg (2014) formulieren drei Ursachen für Widerstand, die als unmittelbare Folge der in Kap. 2.3.1. genannten Gründe gesehen werden können. Eine Ursache sei, dass „die Hintergründe oder die Motive einer Maßnahme nicht verstanden" (Doppler & Lauterburg, 2014, S. 355) wurden. Wenn die Mitarbeitenden verstehen, worum es geht, könnte die Ursache auch sein, dass sie nicht daran glauben (Doppler & Lauterburg, 2014). Hätten die betreffenden Personen verstanden, worum es geht und könnten auch daran glauben, dass es Sinn macht, könne es geschehen, dass sie sich nicht beteiligen wollen oder können, weil „sie sich von den vorgesehenen Maßnahmen keine positiven Konsequenzen versprechen" (Doppler & Lauterburg, 2014, S. 355).

Lauer (2019) differenziert zwischen „erklärungs- und nichterklärungsbedürftigen Widerständen" (S. 53) gegen Veränderungen. Sollten Change-Management-Prozesse Entlassungen, Lohnreduktionen oder eine Veränderung von Macht-Gefällen mit sich bringen, sei ein Widerstand der Betroffenen zu erwarten, oft bereits einkalkuliert und somit nicht erklärungsbedürftig (Lauer, 2019). Wenn Widerstände aus psychologisch tieferliegenden Gründen entstünden, sei es schwerer, sie zu erklären oder gar vorauszuahnen. Diesen „erklärungsbedürftigen Widerständen" gelte es auf den Grund zu gehen, weil sie eine große Tragweite entfalten könnten (Lauer, 2019). Ein Anstoß für diese Art der Widerstände könne das „generelle Ablehnen des zunächst Fremden" (Lauer, 2019, S. 53) aufgrund von kulturellen Unterschieden sein. Dies komme besonders bei der Zusammenlegung oder Neuordnung von Teams sowie bei der Zusammenarbeit mit externen Beratenden vor (Lauer, 2019). Eine weitere Ursache für „erklärungsbedürftigen Widerstand" sei „das Phänomen der Reaktanz" (Brehm, 1966, zit. Lauer, 2019, S. 53) welches beschreibe, dass der Mensch im Fall der gefühlten Einschränkung seiner Freiheit mit Widerstand reagiere. „Der Widerstand kann dabei darauf abzielen, die Freiheit wiederherzustellen oder aber einen Ersatz dafür zu finden" (Lauer, 2019, S. 53). „Kommunikative Missverständnisse" (S. 54) sieht Lauer (2019) als dritte Ursache für solche Widerstände. Watzlawick bezeichnet das gegenseitige Missverstehen als ein normales Phänomen in der Kommunikation (Watzlawick, 2017). „Man kann einen Zustand der Konfusion als das Spiegelbild der Kommunikation auffassen" (Watzlawick, 2017, S. 13). Mit dieser Aussage vertritt er den Standpunkt, dass „diese Störung der Wirklichkeitsanpassung [...] von Zuständen leichter Verwirrung bis zu akuter Angst reichen [kann], da wir Menschen, [...] auf Gedeih und Verderb von unserer Umwelt abhängen und sich diese Abhängigkeit [...] auch auf

2.3 Scheitern von Change-Management-Prozessen

hinlänglichen Informationsaustausch bezieht" (Watzlawick, 2017, S. 13). Reiss et al. (2019) stellten dazu in seiner Studie heraus, dass „organisationaler Wandel [...] für MitarbeiterInnen eine stressinduzierende Bedrohung darstellen [kann], indem er ein Gefühl von Diskrepanz und Ängstlichkeit auslöst, welches negative Auswirkung auf Motivation hat. Wenn MitarbeiterInnen sich bedroht fühlen, erleben sie Vermeidungsmotivation" (S. 157).

Oreg (2003) nimmt eine völlig andere Perspektive zu diesem Thema ein. Er untersuchte bestimmte individuelle Charaktereigenschaften von Menschen, die einen Widerstand gegen Veränderung generell wahrscheinlicher machen: „(a) routine seeking, (b) emotional reaction to imposed change, (c) short-term focus, and (d) cognitive rigidity" (S. 690). Der Autor entwickelte eine „Resistance to Change Scale" (Oreg, 2003, S. 690), anhand derer der Widerstand gegen Veränderung bereits im Vorfeld vorauszusagen sei, sofern davon ausgegangen wird, dass dieser Widerstand nur aufgrund der untersuchten Persönlichkeitsmerkmale auftrete. Oregs Erkenntnis war: „High–resistance-to-change individuals were still more upset about the move and had a more difficult time maintaining effective functioning, compared with nonresistant participants" (Oreg, 2003, S. 690).

Umgang mit Widerstand. Laut Doppler und Lauterburg (2014) sind „Ungeduld, Ärger oder sogar persönliche Betroffenheit" (S. 358) oft erste Reaktionen auf Widerstand, gefolgt von Erklärungen oder Rechtfertigungen, die gegeben werden, um den Widerstand zu eliminieren. Da die Probleme oft deutlich tiefer lägen, funktioniere die bloße Informationsweitergabe nicht, um sie zu lösen. Es sei deshalb wichtig, zunächst zu analysieren, woher der Widerstand überhaupt kommt. Doppler und Lauterburg (2014) erachten ruhige und offene Gespräche in kleinem Rahmen als sinnvoll, um ohne Druck und mit einer interessierten Haltung mehr über die Vorbehalte, die Emotionen und die tiefergehenden Gedanken der Mitarbeitenden zu erfahren. Es gelte herauszufinden, was den Betroffenen wichtig ist, welche Bedenken sie haben und welche Ideen für Lösungen oder alternative Vorgehensweisen sie selbst mitbringen. Solche Gespräche ermöglichten einen Einblick in die individuellen Werte und Bedürfnisse der Mitarbeitenden (Doppler & Lauterburg, 2014).

De Vries, Jehn und Terwel (2011) betonen, dass es, wenn die Mitarbeitenden die Möglichkeit bekommen, ihre Bedenken und Ideen zu äußern, besonders wichtig sei, transparent und somit nachvollziehbar zu machen, wie diese Informationen in die Prozesse einfließen. De Vries et al. (2011) untersuchten, welche Auswirkung es hätte, wenn die Meinung der Mitarbeitenden zwar erfragt würde, diese jedoch bemerken würden, dass ihre Informationen keine Relevanz haben und sogar ignoriert werden. „This type of managerial insincerity is a form of deceit which we refer to as offering ‚pseudo voice'. Perceived pseudo voice leads to reduced voice behavior and increased intragroup conflict" (De Vries et al., 2011, S. 229). Würden die Mitarbeitenden bemerken, dass ihre Stimme zwar gefragt, aber nicht ernst genommen wird, fingen sie an, sich zu wehren und es würde zu Widerstand und Konflikten innerhalb der Teams kommen (De Vries et al., 2011).

Ford et al. (2008) betrachteten den Widerstand als Ressource in der Veränderung und eröffnen damit eine weitere Sichtweise, die weniger den Umgang mit, sondern eher die inhaltliche Perspektive auf den Widerstand in den Fokus nimmt. Sie gehen soweit, zu sagen, dass Widerstand in manchen Fällen ein höheres Maß an Engagement zeige als Akzeptanz, weil Widerstand oft gut durchdacht wird. Die Verantwortung für viele Widerstände wird den „change agents" (Ford et al., 2008, S. 362) gegeben, also den Personen im Unternehmen, die dafür zuständig sind, die Veränderung zu gestalten und umzusetzen. Sollten diese den Widerstand als irrational oder unangebracht ansehen, verhielten sie sich selbst abwehrend und begünstigten damit weiteren Widerstand bei den Mitarbeitenden (Ford et al., 2008). „When agents are willing to see ‚resistance' as a product of their own actions and sensemaking, thus taking more responsibility for their role in its occurrence, they are free to choose more empowering and effective interpretations of recipient actions" (Ford et al., 2008, S. 372). Würden die Veränderungs-Verantwortlichen also die Regeln der konstruktiven Kommunikation beachten, aktiv zuhören und interessierte Fragen stellen, würden sie

2.3 Scheitern von Change-Management-Prozessen

merken, wie nutzbringend die Meinung der Mitarbeitenden ist, die vermeintlich im Widerstand sind (Ford et al., 2008).

Zusammenfassend zeigt sich, dass der Widerstand der Mitarbeitenden eine häufige Begleiterscheinung von Change-Management-Prozessen ist und entweder als Reaktion auf unangenehme Auswirkungen derer oder als charakterbedingte Verhaltensweise der Mitarbeitenden gesehen wird. Beides gilt es zu analysieren und dazu mit den betreffenden Personen in einen wertschätzenden und respektvollen Dialog zu gehen. Das im folgenden Kapitel beschriebene *Fehlermanagement* liefert dafür förderliche Grundannahmen und Strategien.

3. Fehlermanagement

Werden das Scheitern von Change-Management-Prozessen oder die Gründe dafür als Fehler betrachtet, erscheint die Erforschung dieser Fehler als schlüssige Konsequenz, wenn die Frage beantwortet werden soll, wie eine Veränderung umgesetzt werden kann, obwohl der geplante Umsetzungsprozess gescheitert ist. Im Folgenden wird deshalb der Begriff des Fehlermanagements dargelegt und abgegrenzt (Kap. 3.1). Da sich die Fragestellung auf organisationale Veränderungen bezieht, werden der Umgang mit Fehlern in Unternehmen (Kap. 3.2) sowie im Anschluss das organisationale Lernen (Kap. 3.3) betrachtet. Schließlich werden Ansätze zum Lernen aus Fehlern in Unternehmen vorgestellt (Kap. 3.4).

3.1 Definition und Abgrenzung

Der aktuelle Ansatz des Fehlermanagements findet sich in der Definition von Frese und Keith (2015) wieder: „Error management [is] an active approach to errors that reduces negative error consequences and enhances positive effects, such as learning and innovation" (S. 2). Keller (2017) definiert Fehlermanagement etwas weniger ressourcenorientiert als Strategie, „wie man mit den Fehlern, die passieren, umgeht. Es werden Strukturen und Systeme entwickelt, die den Umgang mit Fehlern systematisieren sollen. Ziel dieser Systeme ist es, Fehlerwiederholungen bzw. Fehlerketten frühzeitig zu erkennen und zu unterbrechen" (S. 141). Als Grundlage für diese Arbeit soll die Definition von Frese und Keith

(2015) gelten, weil es speziell im Change Management um Weiterentwicklung und Innovation geht.

Nach Frese und Keith (2015) sollten die Begriffe *Fehler* und *Scheitern* voneinander getrennt werden, da nicht jeder Fehler zum Scheitern führe. Scheitern sei zwar eine Konsequenz aus Fehlern, passiere aber nicht, wenn Fehler erkannt und korrigiert werden können (S. 663). Während Fehler in der Vergangenheit und auch heute noch eher als menschliche Schwäche gesehen werden, die es zu verhindern gilt, gehen die modernen Ansichten laut Hagen (2017) eher dahin, dass Fehler ein „unvermeidbarer Teil menschlichen Handelns" (S. 181) sind. Nach Hagen (2017), bedeutet Fehlermanagement, dass sich die Aufmerksamkeit eher auf das Gesamtsystem als auf den Menschen, der den Fehler eventuell begangen hat, richtet. Das Fehlermanagement orientiere sich weg von der Schuldfrage hin zur nachhaltigen Lösung des Problems. Hagen (2017) merkt auch an, dass diese Umstellung in Richtung einer konstruktiven Fehlerbetrachtung nicht einfach ist. Dies liege daran, dass der Mensch es gewohnt sei, kritisch mit Fehlern umzugehen. Diese Gewohnheit zu lösen koste Zeit und erfordere ein gutes Training (Hagen, 2017). Hagen (2017) beschreibt die klassischen Reaktionen auf Fehler in der ursprünglichen Gewohnheit des Menschen. Seitens des Verursachers folge auf das Erkennen des Fehlers die Reaktion „Erschrecken/Verlegenheit/Angst/Scham" und resultierend daraus „Leugnen/schuldhaftes Bekennen" (Hagen, 2017, S. 185). Auf der Seite der Person, die den Fehler wahrnimmt oder davon betroffen ist, sei die Reaktion auf das Erkennen des Fehlers „Ärger/Zorn" und darauffolgend „Vorwurf/Sanktion". Eine alternative Reaktionsweise sei „Schweigen" und darauffolgend „stiller Groll" (Hagen, 2017, S. 185). All diese Reaktionen auf Fehler brächten laut Hagen (2017), außer der negativen Gefühle bei dem/der VerursacherIn und bei dem/der Betroffenen, keinen Nutzen. Das nutzenorientierte, moderne Fehlermanagement würde bedeuten, dass die Reaktion auf einen Fehler „der offene Umgang mit ihm" sowie die „Analyse /Bearbeitung der Ursache" wären (Hagen, 2017, S. 185). Das Ergebnis daraus wäre nach Hagen (2017) ein nutzbringender Erkenntnisgewinn und die „Zuversicht, dass der Fehler künftig vermieden wird" (S. 185).

Frese & Keith (2015) betonen ebenfalls den Lerneffekt, der sich neben einer Reduzierung der Fehlerhäufigkeit aus professionellem Fehlermanagement erzielen lässt:

> Error management involves coping with errors to avoid negative error consequences, controlling damage quickly (including reducing the chances of error cascades), and reducing the occurrence of particular errors in the future (secondary error prevention) as well as optimizing the positive consequences of errors, such as long-term learning, performance, and innovations. (S. 665)

Frese und Keith (2015) unterstreichen zusätzlich die Notwendigkeit einer Differenzierung von Fehlern und Risiken: "Risks reside in the environment, whereas errors occur in the interaction of individuals with the environment" (Rasmussen et al. 1987, zit. Frese & Keith, 2015, S. 663). Sollte es ein hohes Risiko für das Misslingen geben, dann sei das Misslingen selbst kein Fehler. Sollte ein Risiko jedoch als niedriger eingeschätzt werden als es tatsächlich ist und sollte es dann zum Misslingen kommen, handele es sich dabei um einen Fehler (Frese & Keith, 2015, S. 663).

Kuhnert et al. (2016) betonen die Perspektive der Bewertung und sind der Ansicht, dass Fehler oder auch Erfolg erst bei nachträglicher Betrachtung bewertet werden können. Es mache einen großen Unterschied, nach welchen Maßstäben diese Bewertung stattfindet. Betrachte man Fehler aus der Perspektive ihrer Nutzbarkeit, entstünde daraus ein deutlich wertvolleres Bild (Kunert et al, 2016).

Nachdem die Grundlagen des Fehlermanagements dargestellt wurden, werden im nächsten Kapitel die theoretischen Erkenntnisse zum tatsächlichen Umgang mit Fehlern in Unternehmen geschildert um aufzuzeigen, inwiefern die beschriebenen Strategien bereits umgesetzt werden.

3.2 Umgang mit Fehlern in Unternehmen und Organisationen

Die beschriebenen Ansätze des Fehlermanagements erkennen den optimalen Nutzen in einem Fehler und eröffnen deshalb eine eher wohlwollende Perspektive dazu (vgl. Frese & Keith, 2015; Hagen 2017). Es wurde gleichzeitig beschrieben, dass der Umgang mit Fehlern häufig trotzdem kritisch und wenig konstruktiv verläuft (Hagen, 2017). Laut einer Studie des Hernstein Instituts (2017) findet sich dieses Bild auch in Unternehmen in Deutschland wieder. Die Studie zeigt auf, dass es im Fall von Fehlern eher darum geht, die Schuldfrage zu klären und den/die Verursacher:in manchmal sogar zu bestrafen. Dies führe dazu, dass Mitarbeitende es eher vermieden, Fehler zuzugeben. Etwas provokativer beschreiben es Kuhnert et al. (2016, S. 4): „Durch die Sühne des Sündenbocks entledigen sich soziale Systeme ihrer kollektiven Schuld und betreiben zugleich Komplexitätsreduktion." Besonders Verantwortungsträger:innen bekommen laut Kuhnert et al. (2016) oft die Schuld daran, wenn etwas misslingt. Dies führe dazu, dass bei scheiternden Unternehmensprozessen zunächst eher die vermeintlich Verantwortlichen gekündigt werden, als dass es zu einer eingehenden Betrachtung der eigentlichen Gründe kommt (Kunert et al., 2016). Sie meinen: „So erlangen die Mitglieder einer Organisation ihre Kontrollillusion zurück, wodurch sie wieder handlungsfähig werden" (Kunert et al., 2016, S. 8). Die Studie des Hernstein Institutes stellt dar, dass Führungskräfte oft glauben, das Unternehmen hätte keine Zeit, Fehler zu analysieren, um daraus einen Lerneffekt zu generieren. „23% der Führungskräfte [...] erleben das eigene Unternehmen im Dauerstress, in dem keine Zeit bleibt, aus Fehlern zu lernen" (Hernstein Institut, 2017, S. 8).

Lauer (2019) beschreibt, als eine weitere gängige Art und Weise, mit Fehlern umzugehen, die Verleugnung dieser. Er bildet diese Theorie anhand des „Gesetzes von der Vermeidung kognitiver Dissonanz" (Festinger, 1957, zit. Lauer, 2019, S. 36) aus der kognitiven Psychologie ab. Dieses Phänomen wurde bereits in Kapitel 2.3. erwähnt, weil Lauer (2019) es auch als Grund sieht, warum Unternehmen gar nicht erst in einen Veränderungsprozess einsteigen. Nun soll es im Zusam-

3.2 Umgang mit Fehlern in Unternehmen und Organisationen

menhang mit der Fehlerbetrachtung nochmals genauer beschrieben werden. Wenn der Fehler oder das Versagen akzeptiert werden, kann das nach Lauer (2019) in vielen Fällen dazu führen, dass umfangreiche Maßnahmen eingeleitet werden, um die Entscheidung rückgängig zu machen. Abgesehen von einem Gesichtsverlust ginge damit auch ein erheblicher bürokratischer und organisatorischer Aufwand einher. Da diese Konsequenz laut Lauer (2019) von den Verantwortungsträger:innen des Change-Management-Prozesses als zu stark angesehen werde, werde sie möglichst umgangen, indem die kognitive Dissonanz vermieden wird. Der Konflikt werde geleugnet, indem andere Informationen fokussiert oder die dissonanten Informationen ausgeblendet werden (Lauer, 2019).

Frese und Keith (2015) beschreiben neben dem Fehlermanagement auch die Fehler-Vermeidung als verbreitete Umgangsform in Organisationen: „Through design (of tools, systems, organizations) and through training (of individuals, groups/teams), prevention works by *blocking* erroneous actions (meaning goal-directed behaviors, but also communication acts" (S. 665, Hervorhebung im Original). Im Unterschied zum Fehlermanagement basiert die Fehlervermeidung nach Frese und Keith (2015) auf der Grundannahme, dass Fehler etwas Negatives sind und deshalb verhindert werden sollten. Dies fördere die Einstellung einer „zero error tolerance" (Frese & Keith, 2015, S. 666), was dazu führe, dass Fehler eher verborgen werden und Mitarbeitende mehr Angst vor möglichen Fehlern haben. Die Belastung für die Mitarbeitenden werde dadurch sehr hoch und auch das gegenseitige Beschuldigen im Fall von Fehlern nehme zu. Dies führe dazu, dass sich Fehler regelmäßig wiederholen und insgesamt mehr werden (Frese & Keith, 2015, S. 666).

Frese und Keith (2015) vertreten darüber hinaus den Standpunkt, dass eine deutlich höhere Akzeptanz für Fehler besteht, wenn das Fehlermanagement in Organisationen funktioniert. Es werde erwartet, dass Fehler passieren und die Organisation sei darauf vorbereitet, professionell damit umzugehen. Dies führe dazu, dass die Betroffenen Fehler schneller zugäben oder aufzeigen, weil sie keine negativen Konsequenzen zu befürchten haben. Laut Frese und Keith (2015) bestehe dann eine offenere Kommunikation und die Auswirkungen von Fehlern könnten schneller eingedämmt werden. Dies führe zu einem langfristigen Lerneffekt, einer pro-aktiveren Mitarbeit und einer steigenden Anzahl von innovativen Ideen (Frese & Keith, 2015, S. 666).

Eine weitere Möglichkeit, wie Organisationen und Unternehmen sich weiterentwickeln können, findet sich im Ansatz des organisationalen Lernens wieder. Dieses wird im folgenden Kapitel näher erläutert.

3.3 Organisationales Lernen

Damit es möglich ist, auch nach dem Scheitern eines Veränderungsprozesses noch die angestrebte Veränderung umzusetzen, ist es notwendig, dass eine Organisation zunächst aus den bis dahin begangenen Fehlern lernt, um im nächsten Schritt einen anderen Weg zu gehen. Der Ansatz des organisationalen Lernens könnte hierfür eine nutzbringende Denkrichtung darstellen und wird deshalb nachfolgend dargelegt.

Argyris und Schön (1978, S. 20) definieren das organisationale Lernen wie folgt: „We can think of organizational learning as a process mediated by the collaborative inquiry of individual members. In their capacity as agents of organizational learning, individuals restructure the continually changing artifact called organizational theory-in-use. " Organisationales Lernen sei demnach unmittelbar abhängig von individuellem Lernen. Sollten die Menschen in einer Organisation die Standards und Gewohnheiten dieser Organisation hinterfragen und weiterentwickeln, sei auch die Organisation dazu in der Lage, sich weiterzuentwickeln (Argyris & Schön, 1978). Nach Argyris und Schön (1978) impliziert dies, dass die Lernfähigkeit einer Organisation immer auch von der Mitgestaltungsmöglichkeit ihrer individuellen Mitglieder abhängt: „Just as individuals are the agents of organizational action, so they are the agents for organizational learning" (S. 19).

Als Grundlagen für die optimale Lernfähigkeit einer Organisation beschreiben Hartmann, Brentel und Rohn (2006) u.a. ein funktionierendes Wissensmanagement als Struktur für die Nutzbarkeit des kol-

3.3 Organisationales Lernen

lektiven Wissens, eine „gemeinsame Zukunftsvision" (S. 6) und eine Kultur von „Vertrauen und Offenheit", um „einen optimalen Kommunikationsfluss und echten Dialog" (S. 6) zu fördern. Zusätzlich wird nach Hartmann et al. (2006) organisationales Lernen durch eine konstruktive Fehler- und Kritikkultur unterstützt, die es möglich mache, eigene Fehler oder Fehler anderer offen anzusprechen, um daraus lernen zu können. „In einem richtig verstandenen Lernprozess geht es um die Stärkung der Eigenverantwortung durch ein geschärftes Bewusstsein über eigene Praktiken und Denkweisen wie auch über eigene Abwehrmechanismen wie Maßnahmen des Selbstschutzes und des Vertuschens" (Hartmann et al., 2006, S. 6).

Crossan, Lane und White haben 1999 das „4I framework of organizational learning" veröffentlicht und das Forschungsfeld damit maßgeblich weiterentwickelt (Schilling & Kluge, 2013). Dieses Modell wird in Tabelle 1 dargestellt und nachfolgend beschrieben.

Tabelle 1 Das 4-I-Modell (in Anlehnung an Crossan et al., 1999, S. 525)

Ebene	Prozess	Beitrag / Ergebnisse
Individuum	Einsicht *(Intuiting)*	Erfahrungen Bilder Metaphern
Gruppe	Interpretation	Sprache Kognitive Landkarte Konversation/Dialog
	Integration	Geteiltes Verstehen Gegenseitige Anpassung Interaktive Systeme
Organisation	Institutionalisierung	Routinen Diagnosesysteme Regeln und Verfahren

Das 4-I-Modell (Tab. 1) beschreibt die vier Prozesse „Einsicht", „Interpretation", „Integration" und „Institutionalisierung", die miteinander in Verbindung stehen und sich über die drei Ebenen „Individuum",

„Gruppe" und „Organisation" erstrecken. Diese Ebenen definieren die Struktur, in welcher das Lernen in einer Organisation stattfindet (Crossan et al., 1999, S. 524). „The processes form the glue that binds the structure together: they are, therefore, a key facet of the framework" (Crossan et al., 1999, S. 524). Laut Crossan et al. (1999) bestehen die vier Lernprozesse über die drei Ebenen hinweg und gehen ineinander über. Aus diesem Grund sei es nicht immer erkennbar, wo ein Prozess beginnt oder endet (S. 525). „With the 4I framework we identify the flow of learning between levels and the tension between feed-forward (exploration) and feed-back (exploitation) processes as fundamental challenges of strategic renewal" (Crossan et al., 1999, S. 534). Eine große Herausforderung in der strategischen Erneuerung einer Organisation sehen Crossan et al. (1999) in der Dynamik des Prozesses. Durch Einsicht und Interpretation kämen neue Ideen vom Individuum in die Gruppe und in die Organisation. Gleichzeitig würde das, was in der Organisation bereits gelernt wurde, wieder zurück in die Gruppe fließen und somit die Individuen und deren Denken und Verhalten beeinflussen. Diese Dynamik erzeuge eine Spannung, weil die neuen Einflüsse auf die bereits gelernten Denkweisen und Routinen einer Organisation träfen (Crossan et al., 1999, S. 532). Crossan et al. (1999) warnen deshalb: „The language and logic that form the collective mindset of the organization and the resulting investment in assets present a formidable fortress of physical and cognitive barriers to change" (S. 533). Es gelte also, die Kommunikationsfähigkeit der Menschen so zu entwickeln, dass sie zumindest in der Lage sind, die eigenen Einsichten und Interpretationen explizit zu artikulieren. Dadurch würde sich das allgemeine Verständnis in der Gruppe steigern und diese könne sich entsprechend verhalten. „The real test of shared understanding is coherent action" (Crossan et al., 1999, S. 533). Deshalb sei es sinnvoll, die Beteiligten nicht nur kognitiv durch den Veränderungsprozess zu führen, sondern auch durch integrative Maßnahmen. Crossan et al. (1999) begründen dies mit dem ganzheitlichen Ansatz: „It is not simply a matter of transferring data, information, or knowledge – it is a matter of organizational learning" (S. 534).

Während es sich beim organisationalen Lernen überwiegend um das Lernen aus Erfahrung oder Feedback handelt, wird im nachfolgenden Kapitel dargestellt, wie Fehler in Organisationen als Chance für eine Veränderung genutzt werden können.

3.4 Fehler als Antrieb für gelingende Veränderung

Dieses Kapitel dient der Darlegung verschiedener theoretischer Ansätze, die Organisationen dabei unterstützen, aus den eigenen Fehlern einen Antrieb für gelingende Veränderung zu gewinnen.

Kuhnert et al. (2016) beschreiben zahlreiche geschichtliche Beispiele, in welchen das Scheitern in der Vergangenheit Entdeckungen zutage gebracht hat, welche ohne dieses Scheitern nicht möglich gewesen wären, wie z.B. die Entdeckung Amerikas durch Columbus, der eigentlich Indien erkunden wollte, aber an schlechtem Kartenmaterial gescheitert war. Frese und Keith (2015, S. 662) beziehen dies auf die gesamte Entwicklung der Menschheit: „The development of individuals and the development of humankind are intimately related to trying to do something new, making errors, and then trying to improve". Doppler et al. (2014) stellen jedoch heraus, dass Veränderung nicht dadurch eingeleitet wird, dass Führungskräfte Fehler „aufdecken" und eine Änderung anordnen. Sie meinen, dass sich „ohne eine zumindest ansatzweise gemeinsame Problemsicht [...] keine Bereitschaft schaffen [lässt], zusammen über eine veränderte Zukunft nachzudenken" (S. 108f.). Diese Erkenntnis sollte nach Doppler et al. (2014) aus den Reihen der Stakeholder:innen kommen, weil sie dann glaubwürdiger ist und den Veränderungswunsch verstärkt.

In diesem Zusammenhang erscheinen die Strategien des Fehlermanagements (vgl. Frese & Keith, 2015; Kuhnert et al., 2016) vorteilhaft, um Fehler im Sinne zukünftiger Veränderungen zu reflektieren und dadurch nutzbar zu machen. Frese und Keith (2015) sind ebenfalls der Ansicht: „Innovations are not possible without making errors because any innovation implies actions in a new and therefore unknown environment" (Frese & Keith, 2015, S. 663).

Wenn Organisationen strategisch aus Fehlern lernen wollen, um diese zur nachhaltigen Veränderung zu nutzen, ist dafür auch der Ansatz der „Agilität" eine Möglichkeit. Besonders im Umfeld von IT-Unternehmen ist dieses Arbeitsprinzip seit einigen Jahren verbreitet (Gergs, Schatilow, & Thun, 2018). Laut Gergs et al. (2018) geht es dabei um das Prinzip der kontinuierlichen und vorrausschauenden Anpassung an die schnelle Entwicklung des Umfeldes. „Das agile Change Management [akzeptiert] die Unvermeidlichkeit von Fehlentwicklungen bzw. Fehlentscheidungen und schafft daher Strukturen, um den (potentiell) entstehenden Schaden möglichst klein zu halten und schnell daraus zu lernen" (Gergs et al., 2018, S. 6). Gergs et al. (2018) vertreten den Standpunkt, dass agile Unternehmen in ihren Change-Management-Prozessen deutlich seltener scheitern. Agiles Management sei jedoch keine schnell umsetzbare Änderung des Denkens oder Handelns, sondern mit einer nachhaltigen Umstellung der Unternehmensstruktur verbunden (Gergs et al., 2018). Deshalb wird das Prinzip der Agilität für die vorliegende Arbeit nicht weiter verfolgt, sollte aber aufgrund seiner zeitgenössischen Bedeutung zumindest erwähnt und als alternative Möglichkeit für eine umfassende Umstrukturierung im Sinne einer kontinuierlichen Veränderung dargestellt werden. Die Untersuchung, inwiefern auch die Anwendung einzelner Aspekte agiler Denkweisen zum Erfolg führen würde, könnte der Anhaltspunkt für eine weiterführenden Forschung sein.

Morgenroth und Schaller (2010) betonen wie Kuhnert et al. (2016), dass das Urteil des Scheiterns relativ ist und immer von der Perspektive des/der Beurteilenden abhängt. Sie sehen darin auch eine Kompetenz im Umgang mit dem Scheitern bei den Scheiternden: „Für Akteure könnte die Anerkennung dieser Urteilsrelativität ebenfalls hilfreich sein, um die Angst vor einem möglichen Scheitern zu reduzieren oder um zu verhindern, dass Scheitern zu Resignation und Hoffnungslosigkeit führt" (Morgenroth & Schaller, 2010, S. 26). Sie warnen davor, durchzuhalten, obwohl das Scheitern in Sicht ist. Wenn das Scheitern festgestellt und offen zugegeben werde, sei es einfacher, sich von dem gescheiterten Prozess endgültig zu lösen und nach neuen Wegen zu

3.4 Fehler als Antrieb für gelingende Veränderung

suchen (Morgenroth & Schaller, 2010). „Durch das Scheitern werden Denk- und Handlungsroutinen durchbrochen und veränderte Sichtweisen auf Probleme angeregt, die wiederum neue Optionen eröffnen. Scheitern ist daher nicht nur Versagen, Verzicht und Selbstaufgabe, sondern auch Aufbruch, Wandel und Chance" (Morgenroth & Schaller, 2010, S. 27).

Nachdem beschrieben wurde, wie der nutzbringende Umgang mit Fehlern in Unternehmen in der Literatur betrachtet wird, schließt der theoretische Teil dieser Forschungsarbeit im folgenden Kapitel mit der Beantwortung der theoretischen Subforschungsfragen.

4. Beantwortung der theoretischen Subforschungsfragen

Nachdem alle theoretischen Aspekte zur Thematik dieser Forschungsarbeit anhand der relevanten Fachliteratur untersucht wurden, werden durch die Erkenntnisse der bisherigen Kapitel die fünf theoretischen Subforschungsfragen beantwortet.

1. Welche Faktoren führen zum Scheitern eines Change-Management-Prozesses? Angepasst an die Forschungsthematik dieser Arbeit wurden aus der Literatur die wichtigsten Faktoren für das Scheitern von Change-Management-Prozessen aus den Handlungsfeldern „Führung" und „Kommunikation" herausgearbeitet. Diese werden nachfolgend erläutert.

Als zentraler Punkt wird in der Fachliteratur die *Vision* beschrieben, welche hinter einer geplanten Veränderung steht. Oft gebe es keine konkrete Vision hinter einem Projekt oder sie werde den Mitarbeitenden nicht hinreichend kommuniziert. Wenn die Führungskräfte die Vision nicht leben und nicht alle Entscheidungen in ihrem Sinne treffen, seien die Mitarbeitenden häufig nicht in der Lage, zu erkennen, welchem Zweck die Veränderung dient (vgl. Doppler et al., 2014; Kotter 2012; Lauer 2019). Dieses Unverständnis oder fehlende Vertrauen in den Nutzen des Wandels rufe Widerstand bei den Mitarbeitenden hervor. Da Menschen das Bekannte dem Unbekannten vorziehen, orientierten sie sich im Zweifel eher an altbekannten Regeln und Arbeitsweisen, was den Veränderungsprozess erheblich bremse und in vielen

Fällen zum Scheitern führe (vgl. Doppler & Lauterburg, 2014; Lauer, 2019; Oreg, 2003; Reiss et al., 2019). Eine unzureichende Kommunikation mit den Mitarbeitenden sowie das Übergehen ihrer individuellen Bedürfnisse fördere den Widerstand weiter. Fehlende Kommunikation führe außerdem dazu, dass sich die Mitarbeitenden selbst Gedanken über mögliche negative Auswirkungen des Wandels machen (vgl. Reiners, 2015; Watzlawick et al., 2017). Dies könne Angst und Unmut auslösen, die den Widerstand oder zumindest die fehlende Unterstützung des Change weiterhin begünstigen (Lies & Schoop, 2011). Als weiterer Faktor gilt, dass der Wandel nicht in die Wertehaltung und Kultur des Unternehmens integriert werde und sich deshalb nicht dauerhaft durchsetze, weil das Ziel zu schnell als erreicht gelte und keine weiteren Aktivitäten in diese Richtung erfolgten. Diese fehlende Nachhaltigkeit nach einem zunächst erfolgreichen Wandel führe dann zum Scheitern, indem der Wandel sich nicht durchsetze, sondern wieder zurückgehe (vgl. Burnes & Jackson, 2011; Doppler et al., 2014; Kotter, 2012; Lewin, 1947).

2. In welcher Phase des Prozesses scheitern Change-Management-Prozesse am häufigsten? Für die Beantwortung dieser Frage soll das Modell „Wandlungsprozess und Wandlungsmanagement" von Krüger (2014, S. 40) (Kap. 2.2.1, Abb. 1), als Struktur dienen, um die Phasen aufzuzeigen, in welchen Change-Management-Prozesse häufig scheitern. Schon in der ersten Phase, der „Initialisierung" (Krüger, 2014, S. 40), könne der Prozess dadurch scheitern, dass es durch „Hemmnisse des Change" (Lauer, 2019) dazu kommt, dass die Notwendigkeit eines Wandels zwar erkannt, der Wandel jedoch gar nicht erst begonnen wird. An dieser Vermeidung würden ganze Unternehmenskonzepte scheitern, noch bevor der Change-Management-Prozess überhaupt begonnen hat (Lauer 2019). Zwei weitere Phasen, in welchen die Veränderung scheitern könne, seien die Phasen der „Mobilisierung" und der „Umsetzung" (Krüger, 2014, S. 40). Je nachdem, wie die Veränderung den Mitarbeitenden in der Phase der „Mobilisierung" (Krüger, 2014, S. 40) kommuniziert werde, würden diese direkt in dieser Phase oder dann

4. Beantwortung der theoretischen Subforschungsfragen

im Verlauf der „Umsetzung" in Widerstände übergehen, die den Wandel beeinflussen könnten (vgl. Doppler et al., 2014; Kotter, 2012; Lauer, 2019). Ein Scheitern sei auch möglich, wenn die Veränderung bereits vollzogen wurde, aber in der Phase der „Verstetigung" (Krüger, 2014, S. 40) nicht richtig integriert bzw. zu schnell als erfolgreich deklariert wurde. Sobald es keine regelmäßigen Aktivitäten mehr gibt, die den Wandel stützen, gehe dieser langsam zurück und scheitere, weil alles, was vorher erarbeitet wurde, den alltäglichen Gewohnheiten untergeordnet werde (vgl. Kotter, 2012; Lauer, 2019; Lewin, 1947). Die Phase der „Konzipierung" (Krüger, 2014, S. 40) ist die einzige Phase, innerhalb derer in der Literatur keine Beispiele des Scheiterns beschrieben werden. Jedoch sei diese Phase überaus relevant für ein potentielles Scheitern, weil die Qualität der Planung maßgeblich zum Erfolg oder Misserfolg eines Change-Management-Prozesses beitrage (vgl. Doppler et al., 2014; Doppler & Lauterburg, 2014; Lauer, 2019; Stolzenberg & Heberle, 2009).

3. Welche Form der Partizipation von Mitarbeitenden hat sich bei der Implementierung von Veränderungsprozessen in Organisationen als erfolgreich erwiesen? Die Partizipation der Mitarbeitenden zeigt sich als grundlegender Erfolgsfaktor in der Umsetzung erfolgreicher Change-Management-Prozesse (vgl. Doppler et al., 2014; Lauer, 2019; Lewin, 1947; Lies et al., 2011). Partizipation in Form von Bottom up-Feedback wird als sinnvolle Methode beschrieben, jedoch nur dann, wenn die Meinungen der Mitarbeitenden auch in die Prozessgestaltung einfließen (Lies et al., 2011). Darüber hinaus wird eine partizipative Kommunikation, also ein Dialog zwischen Mitarbeitenden und Führungskräften, überwiegend als erfolgsfördernd betrachtet, weil die Fachkompetenz der Mitarbeitenden und die Kenntnisse der eigenen Arbeitsweisen oft hilfreiche Inspirationen für den Change-Management-Prozess bringen würden (vgl. Helpap et al., 2017; Doppler et al., 2014, Kotter, 2012; Lauer, 2019).

Die Gefahr der Partizipation wird darin gesehen, dass die Feedbacks von Mitarbeitenden auch völlig andere Perspektiven auf den

Prozess eröffnen könnten und die ursprünglichen Planungen dadurch noch deutlich verändert werden müssten. Letztlich wird dieser Umstand jedoch als förderlich für die nachhaltige Integration des Wandels und das Verhindern von Widerständen seitens der Mitarbeitenden gesehen (vgl. Doppler et al. 2014; Kotter, 2012).

4. Wie können massive Widerstände im Zuge von Change-Management-Prozessen bei Mitarbeitenden aufgelöst werden? Die wichtigste Intervention im Umgang mit Widerständen sei die persönliche Kommunikation (vgl. Doppler et al. 2014; Doppler & Lauterburg, 2014; Lies et al., 2011; Kotter, 2012; Krüger, 2014; Stolzenberg & Heberle, 2009). Wenn massive Widerstände gegen einen geplanten Wandel oder innerhalb eines laufenden Veränderungsprozesses wahrgenommen werden, sei es das Wichtigste, zunächst herauszufinden, woher der Widerstand kommt. Dafür sei es notwendig, die Mitarbeitenden persönlich zu befragen und ihre Antworten ernst zu nehmen (vgl. Doppler & Lauterburg, 2014; Lauer, 2019). Die Emotionen der Mitarbeitenden, wie Angst, Wut oder Trauer, sollten wahrgenommen und wertgeschätzt werden (Deutinger, 2017). Erst wenn die Mitarbeitenden spüren, dass sie gehört werden, könne der Widerstand sich lösen (De Vries, et. al, 2012). In einer dialogischen Kommunikation solle mit den Mitarbeitenden persönlich gesprochen werden, um ihre Sorgen und Ängste wahrzunehmen sowie persönlich und individuell Fragen zu beantworten (vgl. Doppler & Lauterburg 2014; Kotter, 2012; Lauer, 2019). Gleichzeitig wird es als sinnvoll gesehen, den Widerstand als Ressource des Wandels zu betrachten und die Mitarbeitenden dafür nicht abzulehnen, sondern dafür wertzuschätzen, dass sie mitdenken und ihre Ideen auch äußern (Ford et al., 2008).

5. Welchen Nutzen können ein Unternehmen bzw. eine Organisation aus Fehlern der Vergangenheit ziehen? Wenn es einem Unternehmen bzw. einer Organisation gelingt, Fehler wertschätzend und transparent zu behandeln, dann könnten diese eingehend analysiert werden, um dadurch in weiterer Folge mögliche Fehlerquellen zu finden und zu

4. Beantwortung der theoretischen Subforschungsfragen

eliminieren. Wenn etwas anders läuft, als geplant, könne dies Innovationen mit sich bringen, die zuvor nicht vorgesehen waren. Gleichzeitig könne dies auch zu wichtigen Aussagen über die Funktionsweisen von Prozessen führen und damit zu deren Verbesserung beitragen (Kuhnert et al, 2016). Sollte ein Unternehmen dazu in der Lage sein, aus Fehlern zu lernen und diese deshalb als wertvolles Element der täglichen Arbeit zu sehen, dann komme es zu deutlich weniger Wiederholungen bestimmter Fehler, was die Fehlerquote insgesamt senke (Frese & Keith, 2015). Ein freundlicher Umgang mit Fehlern erlaube außerdem eine größere Risikofreude bei Mitarbeitenden, wodurch wiederum Innovationen hervorgebracht werden könnten. Sollte ein Mensch in der Position sein, viele Dinge frei zu entscheiden, weil Fehler erlaubt sind, fördere das die Kreativität und die Schaffensfreude. Dies komme dem Unternehmen zugute, weil die Mitarbeitenden damit einen großen Beitrag zur grundsätzlichen Weiterentwicklung des Unternehmens leisten würden. Zusätzlich sei der konstruktive Umgang mit Fehlern eine erfolgreiche Möglichkeit, die Mitarbeitenden für Veränderungen zu motivieren, weil dann die Angst vor dem „Nicht-Können" deutlich zurückgehe und damit die Neugier und Freude am Ausprobieren neuer Methoden oder Strategien steige (vgl. Doppler et al. 2014; Frese & Keith, 2015; Morgenroth & Schaller, 2010).

Nachdem mit der Beantwortung der theoretischen Subforschungsfragen die Erkenntnisse aus der Fachliteratur bzgl. des Forschungsthemas zusammengefasst wurden, werden im nachfolgenden Kapitel die Erhebung und die Auswertung der empirischen Ergebnisse dargestellt.

5. Erhebung und Auswertung der empirischen Ergebnisse

Im Folgenden wird die methodische Vorgehensweise (Kap. 5.1) zur Erhebung und Bearbeitung der empirischen Daten der vorliegenden Arbeit aufgezeigt. Im Anschluss daran werden der verwendete Interview-Leitfaden (Kap. 5.1.1), die Auswahl der Fokusgruppe (Kap. 5.1.2) und die Durchführung der Datenerhebung (Kap. 5.1.3) beschrieben. Schließlich werden die Ergebnisse der qualitativen Inhaltsanalyse dargestellt (Kap. 5.2) und zusammengefasst (5.3). Aus den Ergebnissen der empirischen Untersuchung und den Erkenntnissen aus der Literaturanalyse werden schließlich die empirischen Subforschungsfragen beantwortet (5.4).

5.1 Methodische Vorgehensweise

Für die vorliegende Arbeit wurde die Methode der qualitativen Forschung gewählt, welche nach Flick, von Kardoff und Steinke (2009) „den Anspruch [hat], Lebenswelten „von innen heraus" aus der Sicht der handelnden Menschen zu beschreiben" (S. 14). Bei den erhobenen Daten handelt es sich um die persönlichen Erlebnisse, Beobachtungen und Bedürfnisse der Befragten. Außerdem wurde die Fokussierung des Forschungsthemas auf die Umsetzung einer Veränderung nach einem bereits gescheiterten Veränderungsprozess, soweit ersichtlich, bisher nicht in der Literatur oder anderen wissenschaftlichen Arbeiten behandelt. Aus diesem Grund erschien es sinnvoll, dafür eine möglichst offene Forschungsform zu wählen, die zunächst alle relevanten Informationen sammelt, um damit im nächsten Schritt „induktiv auf abstrakte Zusammenhänge zu schließen" (Oehlrich, 2015, S. 70). Diese Möglichkeit wäre bei einem quantitativen Forschungsvorgehen nicht gegeben, weil dabei standardisiert und statistisch vorgegangen wird und dadurch kaum Raum für die Darstellung individueller Perspektiven geboten wird (Flick et al., 2009). Qualitative Interviews hingegen zeichnen sich nach Hopf (2009) „durch die Möglichkeit, Situationsdeutungen oder Handlungsmotive in offener Form zu erfragen, Alltagstheorien und Selbstinterpretationen differenziert und offen zu erheben und durch die Möglichkeit der diskursiven Verständigung über Interpretationen" (S. 350) aus.

Im Vorfeld der Datenerhebung wurde, zum Zwecke einer optimalen Materialverwertung, die „zusammenfassende Inhaltsanalyse" mit induktiver Kategorienbildung nach Mayring (2015, S. 69) als Form der Auswertung gewählt. Aus diesem Grund gab der Interview-Leitfaden keine inhaltliche Struktur der zu erwartenden Ergebnisse vor, sondern orientierte sich ausschließlich an den zu untersuchenden Themenbereichen, die zur Beantwortung der Hauptforschungsfrage und der dazu formulierten, empirischen Subforschungsfragen zweckmäßig erschienen (mehr dazu in Kapitel 5.1.1).

Alle Interviews wurden digital aufgezeichnet und als Audiodatei abgespeichert. Zur Erleichterung der Bearbeitung wurden grobe Transkriptionen mithilfe einer Transkriptions-Software (Trint) erstellt.

Die Auswertung des Materials erfolgte anhand der zusammenfassenden Inhaltsanalyse nach Mayring (2015) unter der Verwendung des entsprechenden „Ablaufmodells" (Mayring, 2015, S. 70). Die Verwendung eines solchen Ablaufmodells sichert, dass die Analyse nach dem Prinzip der „Regelgeleitetheit, [die es] ermöglicht [...], dass auch andere die Analyse verstehen nachvollziehen und überprüfen können" (Mayring, 2015, S. 12f.) abläuft.

Im ersten Schritt wurden die „Analyseeinheiten" (Mayring, 2015, S. 61) bestimmt. Als „Kodiereinheit" (Mayring, 2015, S. 61), also als kleinstmöglichen Bestandteil einer Kategorie, wurde ein einzelnes Wort definiert. Besonders in der Betrachtung von Gefühlszuständen kann es nach Erfahrung der Autorin dazu kommen, dass ein Wort ausreicht, um ein bestimmtes Gefühl zu beschreiben. Als „Kontexteinheit" (Mayring, 2015, S. 61), dem größten auszuwertenden Bestandteil eines Textes für eine bestimmte Kategorie, wurde die vollständige Antwort auf eine der gestellten Fragen definiert. Die „Auswertungseinheit" (Mayring, 2015, S. 61) ist ein Interview. Die Interviews wurden deshalb nacheinander bearbeitet.

Im zweiten Schritt der Analyse wurden die „inhaltstragenden Textstellen" (Mayring, 2015, S. 70) unter Anwendung der „Interpretationsregeln" nach Mayring (2015, S. 72) paraphrasiert. Da mit Audiodateien und nicht mit einer vollständigen Transkription gearbeitet wurde, war es unnötig, „nicht inhaltstragende Textstellen" (Mayring, 2015, S. 72) zu streichen. Stattdessen wurden Paraphrasen direkt aus den relevanten Textstellen gebildet, indem das Gesagte, soweit möglich, „auf eine einheitliche Sprachebene" sowie eine „grammatikalische Kurzform" (Mayring, 2015, S. 72) gebracht wurde. Der individuelle Sprachgebrauch der Interviewten wurde dabei nicht vollständig vereinheitlicht, weil er zumindest im ersten Reduktionsdurchgang ebenfalls als inhaltstragend erachtet wurde.

Im dritten Schritt wurden aus den extrahierten Paraphrasen Generalisierungen auf einem höheren Abstraktionsniveau gebildet, welches in weiterer Folge die jeweilige Generalisierung auf andere, ähnliche Zusammenhänge anwendbar machte.

Inhaltsgleiche Paraphrasen, die auf dem Abstraktionsniveau der Generalisierung entstanden waren, wurden im vierten Schritt der Analyse gestrichen.

In einer weiteren Reduktion, und dem damit fünften Schritt des Ablaufmodells, wurden, wie von Mayring (2015) empfohlen, „mehrere, sich aufeinander beziehende und oft über das Material verstreute Paraphrasen zusammengefasst und durch eine neue Aussage wiedergegeben" (S. 71).

Aus den, in den Reduktionsschritten entstandenen, Aussagen kam, im sechsten Schritt, ein erstes Kategoriensystem zustande. Nachdem vier Interviews durchgearbeitet waren, wurde, im Sinne des „Prozessmodells induktiver Kategorienbildung" (Mayring, 2015, S. 86), eine Revision der bis dahin entstandene Kategorien durchgeführt.

Im siebten Schritt der Analyse führte diese Revision zu einigen Änderungen im bis dahin entstandenen System, z.B. zur Zusammenfassung oder Umformulierung von Kategorien bzw. Unterpunkten zu diesen. Zusätzlich wurden die vorhandenen Kategorien unter dem Aspekt der Beantwortung der Haupt- bzw. der empirischen Subforschungsfragen betrachtet und dahingehend leicht angepasst (Mayring, 2015). Im Anschluss daran wurde das übrige Material durchgearbeitet. Dabei entstanden vereinzelt neue Unterpunkte für die bestehenden Kategorien, jedoch keine völlig neuen Kategorien. Die Reihenfolge der Kategorien und Unterkategorien entstand anhand des Zeitpunktes ihres Auffindens während der Inhaltsanalyse (Mayring, 2015). Das vollständige Kategoriensystem befindet sich im Anhang dieser Arbeit.

Die empirischen Daten, deren Auswertungsprozess hier beschrieben ist, sind anhand eines Leitfaden-Interviews erhoben worden. Der dazu verwendete Interview-Leitfaden wird im folgenden Kapitel beschrieben.

5.1.1 Interviewleitfaden

Um die empirischen Daten für die qualitative Analyse zur Forschungsthematik dieser Arbeit zu erheben, wurde mit einer Expert:innen-Befragung gearbeitet. Das Interview fand anhand eines Leitfadens statt, der nachfolgend beschrieben wird.

Bei einem Expert:innen-Interview handelt es sich um eine Interviewform, die besonders dann geeignet ist, wenn die interviewende Person zum befragten Thema wenig Hintergrundwissen besitzt und das Fachwissen der Befragten maßgeblichen Einfluss auf den Forschungszweck hat (Oehlrich, 2015). Bei den geführten Interviews ging es um die eigenen Erlebnisse, Bedürfnisse und Beobachtungen innerhalb eines gescheiterten Change-Management-Prozesses. Da die Hauptfor-

5.1 Methodische Vorgehensweise

schungsfrage die Sicht der betroffenen Mitarbeitenden enthält, können diese als Expert:innen darin angesehen werden.

Der verwendete Interview-Leitfaden legte den konkreten Ablauf und den Inhalt der Befragung fest. Die strikte Einhaltung dieses Leitfadens gewährleistete die Wiederhol- und Vergleichbarkeit der Befragung (Oehlrich, 2015).

Das Interview begann nach der Begrüßung mit einem Hinweis auf die anonymisierte Weiterverarbeitung der Daten und die Bitte um nochmalige Äußerung des Einverständnisses zur digitalen Aufzeichnung. Es wurden anschließend Hintergründe und Ziele des Interviews sowie der konkrete Ablauf kurz und möglichst prägnant beschrieben. Vor dem Einstieg in das inhaltliche Thema wurde das Alter der Interviewten sowie das Geschlecht erfragt, mit welchem diese sich identifizieren. Die Erhebung dieser Daten galt der Darstellung der Heterogenität der Fokusgruppe, so wie auch die Abfrage der Branche und der Position im, nachfolgend beschriebenen, ersten Interview-Abschnitt.

Der erste Teil des Interviews bezieht sich auf allgemeine Fragen zum Unternehmen sowie zum Hintergrund des Change-Management-Prozesses. Ziel war es, zu erheben, in welcher Art von Unternehmen die Interviewten in welcher Position tätig waren und vor welchem Hintergrund die Veränderung stattfand. Gegenstand war außerdem, was genau sich in dem Prozess verändern sollte.

Im zweiten Teil des Interviews wurde das Scheitern des Change-Management-Prozesses aus Sicht der Mitarbeitenden genauer betrachtet. Woran konnten die Mitarbeitenden erkennen, dass der Prozess scheitert, welche Gründe sahen sie dafür und welche Auswirkungen hatte das Scheitern auf sie persönlich?

Die Kommunikation während des Change-Management-Prozesses bildete das Thema des dritten Teils. Dabei wurde zunächst erfragt, wie der/die Interviewte die Kommunikation innerhalb des Unternehmens während des gesamten Change-Management-Prozesses wahrgenommen hat und wie kommuniziert wurde, dass der Prozess scheitert. Ebenfalls wurde erfragt, wie die Person den Prozess mitgestalten durfte und inwiefern sie den Prozess an sich verstehen konnte.

Der vierte Teil des Interviews richtete sich in der Situationsbetrachtung auf die Zeit nach dem Scheitern. Zunächst wurde gefragt, inwiefern die Person in der ursprünglich geplanten Veränderung, trotz des Scheiterns, einen Sinn oder Nutzen für sich selbst bzw. das Unternehmen sehen konnte. Die letzten drei Fragen ermittelten die Bedingungen, unter welchen die Befragten sich eine aktive Beteiligung an einem weiteren Veränderungsversuch vorstellen konnte. Hier wurden mögliche Handlungsfelder der Führungskräfte, die allgemeine Kommunikation sowie weitere Rahmenbedingungen erfragt, die eine motivierte Weiterarbeit an der geplanten Veränderung aus Sicht der Interviewten möglich gemacht hätten.

Die Fragen wurden teilweise durch Vertiefungs- oder Aufrechterhaltungsfragen ergänzt, um möglichst viele Ideen, Erfahrungen und Gedanken der Befragten zu erfahren. Abschließend wurde den Teilnehmenden die Möglichkeit gegeben, noch weitere Gedanken zum Thema zu äußern, bevor sie dann verabschiedet wurden. Der beschriebene Interviewleitfaden befindet sich im Anhang zu dieser Arbeit.

Im Folgenden wird beschrieben, wie die Fokusgruppe für das beschriebene Interview ausgewählt wurde und zusammengesetzt war.

5.1.2 Auswahl der Fokusgruppe

Die Fokusgruppe der Expert:innen für das Interview wurde aus dem persönlichen Netzwerk der Autorin gewonnen. Bereits im Vorfeld der Erstellung dieser Arbeit wurde anhand einer formlosen Umfrage über ein soziales Netzwerk die Möglichkeit geprüft, inwiefern sich überhaupt genügend Teilnehmende finden würden, die etwas zu diesem Thema beizutragen hätten. Es war zu diesem Zeitpunkt nicht klar, inwiefern Mitarbeitende es überhaupt wahrnehmen, wenn ein Change-Management-Prozess scheitert und ob sie darüber sprechen würden. Die Umfrage zeigte, dass im entfernten Bekanntenkreis einige potentielle Teilnehmende zu finden waren, die Interesse an der Mitarbeit bekundeten. In Gesprächen im Bekanntenkreis wurde das Thema der Arbeit regelmäßig erwähnt, wodurch sich noch weitere

5.1 Methodische Vorgehensweise

Interview-Partner:innen fanden. Zusätzlich hatte die Autorin Seminar-Aufträge in einem Unternehmen, welches sich zurzeit in einem scheiternden Change-Management-Prozess befindet. Die Erlebnisse und Beobachtungen dort waren maßgeblicher Treiber für den Untersuchungsgegenstand dieser Forschungsarbeit. Deshalb wurden dort insgesamt drei Interview-Partner:innen aus verschiedenen Abteilungen bzw. Hierarchieebenen gewonnen. Aus diesen Kontakten setzte sich zunächst ein Portfolio aus insgesamt zehn Interview-Partner:innen zusammen. Davon stammen drei Personen aus dem besagten Unternehmen (A, I, J) und zwei Personen sind berufstätige KommilitonInnen aus der Lerngruppe innerhalb des laufenden Studiengangs (E, L). Es wurden außerdem drei enge FreundInnen (B, F, H) und zwei Bekannte aus dem beruflichen Netzwerk (C, G) befragt. Nachdem sich in den ersten Interviews herausstellte, dass bei zehn Interview-Partner:innen nicht die vorgegebene Menge an Interview-Zeit zusammenkommen würde, wurden kurzfristig über einen Aufruf im Forum des Studiengangs noch zwei weitere berufstätige Kommiliton:innen (D, K) gewonnen. Die Expert:innengruppe setzte sich aus insgesamt fünf Frauen und sieben Männern zusammen. Eine gleichmäßige Verteilung der Geschlechter wäre seitens der Autorin gewünscht gewesen, war jedoch aufgrund der Spezifikation der Anfrage nicht zu beeinflussen.

Alle befragten Personen waren oder sind direkt von einem scheiternden Change-Management-Prozess betroffen, haben dessen Planung jedoch nicht aktiv gestaltet. Die Teilnehmenden sind in verschiedenen Hierarchieebenen angesiedelt, von der Sachbearbeiterin ohne Personalverantwortung bis hin zum Filialleiter mit Führungsverantwortung für 800 Mitarbeitende. In der Fokusgruppe sind insgesamt neun verschiedene Wirtschaftsbranchen mit einer Unternehmensgröße von 15 bis 100.000 Mitarbeitenden vertreten. Diese Vielfalt entstand zufällig aufgrund der zielgerichteten Suche nach Personen, welche einen gescheiterten Change-Management-Prozess erlebt hatten, ohne Beschränkung auf eine Branche, eine Unternehmensgröße oder eine Hierarchieebene. Das Alter der Interviewten reichte von 26 bis 62 Jahren. Diese heterogene Zielgruppe ermöglichte ein breites Betrachtungsfeld des Themas aus verschiedenen Perspektiven. Tabelle 2 zeigt die Zusammenstellung der Interview-Partner:innen.

Tabelle 2 Aufstellung der Interviewten

Fall	Position	Art von Unternehmen/ Branche	MA im UN (ca.)	Alter	Geschlecht
A	Koordinator fachliche Arbeitsorganisation	Überwachungs-Organisation/Prüf- und Sachverständigen-Wesen (KFZ)	600	49	m
B	Gruppenleiter im Bereich Technologie	öffentliches Forschungsinstitut	>1000	49	m
C	Geschäftsführer einer Filiale eines Bekleidungsfachkaufhauses	textiles Handelsunternehmen	17Tsd.	62	m
D	Head of HR für Deutschland und Österreich in einem Chemieunternehmen	Konzern im Bereich Agrar-Chemie	100Tsd.	37	m
E	Pre-Sales Specialist	großer globaler Software-Hersteller	100Tsd	29	w
F	Interner globaler Consultant für Organisationsentwicklung	globales IT-Unternehmen	2000	38	w
G	Filialleiter	Telekommunikationsunternehmen	1000	47	m
H	angestellter Rechtsanwalt	dt. Büro einer US-amerik. Wirtschafts-Anwaltskanzlei	1000	38	m
I	Sachbearbeiterin zur Koordination und Organisation der Ausbildung	Überwachungs-Organisation/Prüf- und Sachverständigen-Wesen (KFZ)	600	53	w
J	Vertriebsmitarbeiter	Überwachungs-Organisation/Prüf- und Sachverständigen-Wesen (KFZ)	600	50	m
K	Dozentin/ Referentin	Bildungsträger mit Zielgruppe	70	53	w

5.1 Methodische Vorgehensweise

Fall	Position	Art von Unternehmen/ Branche	MA im UN (ca.)	Alter	Geschlecht
L	Projektleitung im digitalen Bereich	pädagogisches Personal Agentur für räumliche und digitale Kommunikation	15	26	w

Anmerkungen: m = männlich, w = weiblich, KFZ = Kraftfahrzeug, Tsd. = Tausend, > = mehr als, ca. = circa, US = United States (Vereinigte Staaten von Amerika), HR = Human Ressources, MA = Mitarbeitende, UN = Unternehmen

Nachdem die Zusammenstellung der Fokusgruppe dargestellt wurde, beschreibt das nachfolgende Kapitel die Durchführung der Interviews.

5.1.3 Durchführung

Die Befragungen wurden mithilfe von leitfadengestützten Expert:innen-Interviews durchgeführt (siehe Kap. 5.1.1). Zehn Interviews fanden telefonisch und zwei Interviews in einem persönlichen Gespräch (F, H) statt. Im Vorfeld wurden die Teilnehmenden per E-Mail oder telefonisch kontaktiert, um einen gemeinsamen Termin zu vereinbaren. Es wurde dann die Einverständniserklärung versendet, welche vor jedem Interview unterschrieben vorlag.

Jedes Gespräch begann mit einem persönlichen Austausch zum aktuellen Befinden und mündete erst dann in dem tatsächlichen Beginn und der digitalen Aufnahme des Interviews, per Diktiergerät. Sobald die Aufnahme gestartet war, wurden die Teilnehmenden über den Zweck des Interviews sowie die anonyme Verarbeitung dessen informiert. Das Interview wurde anschließend anhand des Leitfadens durchgeführt und mithilfe des aktiven Zuhörens (Bay, 2010) sowie durch ergänzende Verständlichkeitsfragen vertieft. Zum Ende jedes Interviews wurden die Teilnehmenden dazu eingeladen, ergänzende Worte zum Thema zu sagen, sollte es etwas geben, das noch nicht gesagt, jedoch als wichtig erachtet wurde.

Im ersten Interview ließ sich bereits erkennen, dass einige Fragen so formuliert waren, dass die interviewte Person sie inhaltlich nicht gleich verstand. Außerdem waren die Aspekte „Verständnis des Prozesses" und „Mitgestaltung" in einer gemeinsamen Frage formuliert, was sich als ungünstig in der Spezifikation beider Informationen herausstellte. Deshalb wurde der Interview-Leitfaden nach dem ersten Interview in einigen Punkten überarbeitet und teilweise konkreter bzw. ausführlicher formuliert.

Nachdem das erste Interview sehr informativ erschien und insgesamt 70 Minuten dauerte, stellte sich in den drei folgenden Interviews heraus, dass die Fragestellungen auch deutlich kürzere Antworten hervorbringen können. Da die Vermutung nahe lag, dass bei konkreterem Nachfragen noch weitere Informationen im Sinne des Forschungszwecks gewonnen werden können, wurde nach dem vierten Interview der Interview-Leitfaden nochmals überarbeitet und um weitere Vertiefungs- und Aufrechterhaltungsfragen ergänzt. Zusätzlich wurden die Fragen nach Alter und Geschlecht der Teilnehmenden in den Leitfaden aufgenommen, weil es für die Nachvollziehbarkeit sinnvoll erschien, diese Faktoren auch innerhalb der Aufzeichnung abzubilden. Bei den zuvor geführten Interviews wurden diese Informationen nachträglich schriftlich erfragt bzw. aus den Kenntnissen ergänzt, die mit der privaten Bekanntschaft einhergingen. Die Dauer der Interviews lag bei durchschnittlich 48,7 Minuten, wobei das kürzeste Interview 28 Minuten und das längste Interview ca. 70 Minuten dauerte. Die Vielfältigkeit der Informationen und damit die Dauer der Interviews nahm nach der zweiten Überarbeitung des Leitfadens deutlich zu.

Die Gesprächsstimmung der Interviews war sehr entspannt und wohlwollend, weil zehn der Teilnehmenden persönlich und auch schon länger mit der Autorin bekannt sind und somit ein vertrauensvolles Verhältnis bestand. Mit den zwei zusätzlichen, bis dahin persönlich unbekannten, Teilnehmenden war das Gespräch aufgrund der Gemeinsamkeit des Studiums und der Herausforderung einer Masterarbeit ebenfalls von Offenheit und Wohlwollen geprägt. Die Gesprächsatmosphäre kann also als vertraut beschrieben werden, was für die Erhebung von Informationen, die teilweise auch aus der persönlichen Gefühlswelt der Teilnehmenden stammen, sehr förderlich erschien. Die

Teilnehmenden haben alle Fragen nach bestem Wissen bereitwillig beantwortet und die erlebten Prozesse überwiegend anschaulich und detailreich beschrieben. Dies führte zu einer großen Menge an analysierbarem Material, deren Ergebnis in den nächsten Kapiteln ausführlich dargestellt wird.

5.2 Empirische Untersuchung

Dieses Kapitel beschreibt die Ergebnisse der empirischen Untersuchung, die anhand einer induktiven Kategorienbildung strukturiert wurden. Vor dem Hintergrund der Hauptforschungsfrage wurden insgesamt 14 verschiedene Kategorien aus dem Material zusammengefasst, die im Folgenden dargestellt werden. Die Kategorien wurden den Themenfeldern *Ausgangspunkte der Veränderung* (Kap. 5.2.1), *Das Scheitern aus Sicht der Mitarbeitenden* (Kap. 5.2.2), *Kommunikation als Einflussfaktor in der Veränderung* (Kap. 5.2.3) sowie *Veränderung trotz Scheitern* (Kap. 5.2.4) zugeordnet. Zur besseren Übersicht wird jedem Themenabschnitt die entsprechende Übersicht des Themenfeldes mit den dazugehörigen Kategorien vorangestellt.

5.2.1 Ausgangspunkte der Veränderung

Um die Beschreibung der gescheiterten Change-Management-Prozesse in einen sinnvollen Zusammenhang zu bringen, wurden zu Beginn der Befragung die Ausgangspunkte der Veränderung ermittelt. Nachfolgend werden alle Aussagen dargestellt, die beschreiben, in welcher wirtschaftlichen Situation der Wandel stattfand, was genau sich verändern sollte und welche unternehmerische Zielsetzung dahinterstand. Tabelle 3 gibt einen Überblick der verwendeten Kategorien für dieses Kapitel.

5. Erhebung und Auswertung der empirischen Ergebnisse

Tabelle 3 Kategorienübersicht: Ausgangspunkte der Veränderung

Kat. Nr.	Bezeichnung	Unterkategorien
1	allgemeine Situation des Unternehmens	– Wandel aufgrund von Wachstum – Wandel aufgrund äußerer Entwicklung – Unternehmen ist gesund/ im Wachstum
2	geplante Veränderung	– Zusammenführung von Unternehmen/Prozessen – Steigerung der Selbstverantwortung – andere Strukturveränderung
3	unternehmerisches Ziel des Wandels	– Effizienzsteigerung – wirtschaftliches Wachstum

Anmerkung: Kat. Nr. = Kategorie Nummer

Kategorie 1 – allgemeine Situation des Unternehmens. In dieser Kategorie wurden alle Aussagen zusammengefasst, welche die allgemeine Situation des Unternehmens zu Beginn des Change-Management-Prozesses wiedergeben. In der ersten Unterkategorie war berichtet worden, dass der Veränderungsprozess durch das Wachstum des Unternehmens notwendig wurde (C, 2; D, 44). In der zweiten Unterkategorie fand der Wandel aufgrund äußerer Entwicklungen statt, wie z.B. ein Zuwachs an Arbeit durch neue Gesetze (A, 2) oder landespolitische Entscheidungen, die eine Veränderung notwendig werden lassen (B, 10). Die dritte Unterkategorie enthält all jene Aussagen, in welchen die Befragten erwähnten, dass es dem Unternehmen vor der Veränderung wirtschaftlich gut ging (D, 1; H, 1; J, 1) oder es sogar zu diesem Zeitpunkt in einer Wachstumsphase war (C, 1; I, 2).

Kategorie 2 – geplante Veränderung. Diese Kategorie fasst zusammen, welche Veränderung im jeweils beschriebenen Fall ursprünglich geplant war. In der ersten Unterkategorie bestand der Change-Management-Prozess in einer Zusammenführung von Unternehmen bzw. Prozessen, zum Beispiel in der Angleichung der Personalstrukturen und der Strategien eines Mutter- und eines Tochterunternehmens (A, 3; J, 2) oder in der kompletten Zusammenführung von Unternehmen aufgrund einer Fusion (B, 6; E, 1; G, 1). Die zweite Unterkategorie beschreibt die Steigerung der Selbstverantwortung der Mitarbeitenden als geplante Veränderung im Unternehmen (C, 6; L, 1) und die dritte Unterkategorie fasst andere Strukturänderungen zusammen, wie z.B. die Teilauslagerung einer Abteilung (D, 2), die Schaffung einer ganz neuen Abteilung (K, 1), die Veränderung eines Mitarbeitenden-Bewertungssystems (F, 3) oder die Neuausrichtung des Unternehmens auf umsatzstarke Projekte (H, 5).

Kategorie 3 – unternehmerisches Ziel der Veränderung. In dieser Kategorie wurden alle Äußerungen zum unternehmerischen Ziel hinter dem Veränderungsvorhaben gesammelt. Im ersten Punkt wurde als Ziel des Wandels eine Effizienzsteigerung, z.B. durch die Angleichung von Unternehmensprozessen (A, 4; B, 14; G, 2), beschrieben. Im zweiten Punkt war das Wachstum des Unternehmens das Ziel der Veränderung (K, 1). In den Fällen A (5) und G (2) wurden beide Ziele genannt.

5.2.2 Das Scheitern aus Sicht der Mitarbeitenden

Das folgende Kapitel erörtert, wie die betroffenen Mitarbeitenden den Change-Management-Prozess selbst sowie dessen Scheitern wahrgenommen haben. Es wird dargestellt, an welchen Symptomen die Mitarbeitenden das Scheitern erkannten und welche Auswirkungen es auf sie selbst und das Unternehmen hatte. Ergänzend dazu werden alle Aussagen darüber abgebildet, welche innere Haltung die Mitarbeitenden während des Prozesses einnahmen, inwiefern sie den Prozess mitgestalten durften und inwieweit sie einen persönlichen oder unternehmerischen Nutzen darin erkannten. Tabelle 4 fasst die verwendeten Kategorien übersichtlich zusammen.

5. Erhebung und Auswertung der empirischen Ergebnisse

Tabelle 4 Kategorienübersicht: Scheitern aus Sicht der Mitarbeitenden

Kat. Nr.	Bezeichnung	Unterkategorien
5	Symptome des Scheiterns	- Veränderungsprozess hat nichts verbessert - Uneinigkeit der verantwortlichen FK oder Betriebsräte - nichterfüllte Ankündigungen - Veränderung wird nicht gelebt - MA sind passiv/ im Widerstand/ haben Angst
6	Auswirkung des Change-Management-Prozesses auf die MA	- Frustration/ Unzufriedenheit/ Verärgerung/ Überforderung - Angst/ Unsicherheit - auch positive Auswirkungen - Enttäuschung/ Resignation - Beeinträchtigung Privatleben/ Gesundheit - Abgang vom Unternehmen - Motivationsverlust/ Lähmung
7	Auswirkungen des Scheiterns auf das Unternehmen	- Kerngeschäft beeinträchtigt - Verlust von Vertrauen in das UN
8	innere Haltung im Prozess	- passives Abwarten - engagiert in der Veränderung
10	Mitgestaltung des Change-Management-Prozesses	- keine Mitgestaltung - Mitgestaltung in der Umsetzung - keine Mitgestaltung in Planung/ Strategie
12	Erkennen eines Sinns oder Nutzens aus der geplanten Veränderung	- potentiellen Nutzen für UN eindeutig erkannt - keinen persönlichen Nutzen erkannt - persönlichen Nutzen erhofft - potentieller Nutzen für UN ist nicht eingetreten - keinen Nutzen für das UN erkannt

Anmerkungen: Kat. Nr.= Kategorie Nummer, MA = Mitarbeitende, FK = Führungskräfte/ Führungskraft, UN = Unternehmen

Kategorie 5 – Symptome des Scheiterns. Alle befragten Personen haben an einem bestimmten Punkt innerhalb des Change-Management-Prozesses selbst erkannt, dass der Prozess gerade droht, zu scheitern bzw. bereits gescheitert ist. Die Symptome, an welchen die Befragten das Scheitern erkannt haben, sind in Kategorie 5 erfasst. Die erste Unterkategorie beschreibt, dass die Mitarbeitenden das Scheitern daran erkannten, dass die geplante Veränderung gar nicht erst eintrat (vgl. B H, 10; L, 7,9) oder nicht die gewünschte Verbesserung brachte (vgl.

A, 7; G, 10,11; I, 3). In der zweiten Unterkategorie zeigte sich das Scheitern aufgrund der spürbaren Uneinigkeit der Führungskräfte bzw. der Betriebsräte (vgl. A, 9; G, 8) oder sogar in einer Konkurrenz unter den Führungskräften (E, 12). Hatten Führungskräfte im Rahmen einer Veränderung Ankündigungen gemacht, die sich dann jedoch nicht erfüllten, wurde dies ebenfalls als Zeichen für das Scheitern betrachtet (vgl. B, 12; G, 7; J, 10) und der dritten Unterkategorie zugeordnet. In der vierten Unterkategorie war die Aussage der Mitarbeitenden, dass überwiegend die Führungskräfte die Veränderung nicht lebten (vgl. L, 8, C, 15; E, 29) oder nur halbherzig umsetzten (J, 30). Als fünftes und häufig wahrgenommenes Merkmal des Scheiterns zeigte sich ein passives, ängstliches oder ablehnendes Verhalten der Mitarbeitenden im Veränderungsprozess: Teilweise haben die Mitarbeitenden sich schon von Anfang an nicht für den Wandel engagiert (vgl. D, 7; E, 8) oder haben im Laufe des Prozesses aufgegeben bzw. sind in den Widerstand gegangen (vgl. D, 12; L, 10). Fall G (4, 5,18) beschreibt die große Existenzangst, in welcher sich die Mitarbeitenden von Anfang an befanden, als Symptom des scheiternden Prozesses.

Kategorie 6 – Auswirkungen des Change-Management-Prozesses auf die Mitarbeitenden. Diese Kategorie fasst alle Aussagen zusammen, die sich auf persönliche Auswirkungen des Prozesses auf die Mitarbeitenden beziehen. Die erste und auch meistgenannte Auswirkung waren unangenehme Gefühle wie Frust (vgl. B,19; C, 14; E, 16), Unzufriedenheit (vgl. D, 14; G, 59, H, 11), Verärgerung (vgl. D, 16; L, 78) und Überforderung (vgl. E, 59; I, 11; J, 12). Die zweite Unterkategorie fasst die Aussagen zusammen, die als positiv empfundene Auswirkungen des Change-Management-Prozesses beschreiben, wie z.B. verbesserte berufliche Perspektiven (A, 79), eine neue, unterstützende Führungskraft (B, 7) oder auch eine teilweise positive Sichtweise auf den gescheiterten Veränderungsprozess, die weiterhin erhalten blieb (vgl. B, 22; G, 15). In der dritten Unterkategorie gaben die Mitarbeitenden an, dass sie selbst oder KollegInnen das Unternehmen aufgrund des Change-Management-Prozesses verlassen haben (vgl. C, 24; E, 40; K, 11). Eine

5. Erhebung und Auswertung der empirischen Ergebnisse

weitere, sehr häufig genannte, Auswirkung zeigt sich in der vierten Unterkategorie, im Motivationsverlust (vgl. C, 26; G, 21; L, 48) bis hin zur Lähmung (F, 35): Einige Teilnehmende beschreiben dabei z.B., dass nur noch „Dienst nach Vorschrift" gemacht wurde (vgl. D, 39; G, 20). In der fünften Unterkategorie erwähnen die Teilnehmenden Gefühle der Angst (vgl. A, 22; D, 63; G, 10) und der Unsicherheit (vgl. E, 25; F, 37; H, 14) als Auswirkungen. Enttäuschung (vgl. E, 52; F, 32, 34; I, 19) und Resignation (vgl. A, 31, J, 17) sind die Konsequenzen der Veränderung, die in Unterkategorie sechs zusammengestellt wurden und oft damit einhergehen, dass die Mitarbeitenden bestimmte Hoffnungen mit dem Change-Management-Prozess verbunden haben, die nicht erfüllt wurden (vgl. B, 55; L, 14). Die siebte Unterkategorie beschreibt die Beeinträchtigungen im Privatleben oder bzgl. der Gesundheit, welche aus der Veränderung resultierten. Dies sind einerseits Beeinträchtigungen, die durch den Wandel selbst entstanden (B, 8) oder juristische Auswirkungen auf das Privatleben (D, 17). In diese Unterkategorie fallen andererseits psychische Belastungen aus dem Change-Management-Prozess (E, 18; I, 23–26).

Kategorie 7 – Auswirkungen des Change-Management-Prozesses auf das Unternehmen. Die Befragten stellten in dieser Kategorie, neben den Auswirkungen auf sich selbst, auch Auswirkungen auf das Unternehmen dar. In der ersten Unterkategorie wurden verschiedene Aussagen dazu eingeordnet, dass die Veränderung das Kerngeschäft des Unternehmens beeinträchtigt haben. Dies geschah zum Beispiel durch den Verlust wertvoller Mitarbeitender (vgl. A, 32; B, 20; C, 37) oder durch die Stagnation bzw. die Verlangsamung des Tagesgeschäfts oder der Unternehmensentwicklung (vgl. A, 24; B, 5; L, 24). Als zweite Konsequenz für das Unternehmen wurde der Vertrauensverlust beschrieben. Die Mitarbeitenden glaubten nicht mehr an die Veränderung (vgl. A, 69; C, 22; L, 54) oder hatten das Gefühl, getäuscht zu werden (vgl. H, 38; I, 27; J, 39).

5.2 Empirische Untersuchung

Kategorie 8 – Die innere Haltung der Mitarbeitenden während des Prozesses. Diese Kategorie umfasst die Aussagen, welche die Befragten zur eigenen inneren Haltung oder zur erlebten inneren Haltung von KollegInnen und Mitarbeitenden tätigen. Hier ließ sich u.a. ein befürwortendes Engagement in der Veränderung erkennen: Einige der Befragten waren sehr interessiert an (vgl. C, 20; H, 34; L, 49) und überzeugt (vgl. E, 57; K, 13; L, 59) von der geplanten Veränderung und andere versuchten, die unterstellten Mitarbeitenden trotz des Scheiterns zu motivieren (vgl. B, 58; C, 18). In der zweiten Unterkategorie wurde die Haltung des passiven Abwartens beschrieben (vgl. A, 40; H, 17). Die befragten Personen haben ihre eigene Haltung jedoch überwiegend als sehr engagiert bezeichnet.

Kategorie 10 – Mitgestaltung des Change-Management-Prozesses. Die Fokusgruppe wurde bewusst so ausgewählt, dass die Interview-Partner:innen möglichst keine gestaltende Rolle im Prozess innehatten. Im Interview wurde daher nach *Mit*gestaltungsmöglichkeiten gefragt, um die Einbindung der Mitarbeitenden in Change-Management-Prozesse zu untersuchen. Die erste Unterkategorie bilden Äußerungen dazu, dass keine Mitgestaltung möglich war (vgl. A, 48; D, 36; I, 39). Ein Teil der Befragten besaß eine Mitgestaltungsmöglichkeit in der Umsetzung der Veränderung (vgl. B, 53; E, 37; F, 52), während jedoch niemand eine Mitgestaltungsmöglichkeit in der Planung des Prozesses oder der Strategie hatte (vgl. B, 54; E, 42; G, 40).

Kategorie 12 – Erkennen eines Sinns oder Nutzens aus der geplanten Veränderung. Gerade aufgrund der teilweise starken negativen Auswirkungen des Prozesses auf die Mitarbeitenden (siehe Kategorie 6) erschien es für die Beantwortung der Hauptforschungsfrage wichtig, die Aussagen darüber zu erfassen, inwiefern die Befragten, nachdem der Prozess bereits gescheitert ist, den ursprünglichen Sinn oder Nutzen dieses Prozesses für sich selbst bzw. für das Unternehmen erkennen können. In der ersten Unterkategorie war der potentielle Nutzen, den die Veränderung für das Unternehmen haben könnte, eindeutig erkennbar und konnte auch konkret benannt werden (vgl. A, 58; C, 40; K, 39). Bis auf eine befragte Person (J) waren alle Befragten hierzu in der Lage. In der zweiten Unterkategorie gab es zwei Befragte, die keinen persönlichen Nutzen für sich innerhalb der Veränderung erkannten (B, 64; J, 50). Die dritte Unterkategorie fasst alle Aussagen zusammen, nach denen ein persönlicher Nutzen von den Befragten erhofft, aber (noch) nicht eingetreten war. Diese erwarteten Vorteile lagen meist entweder in gewissen Arbeitserleichterungen (vgl. A, 61; D, 45; I, 45) oder in einer persönlichen Weiterentwicklung (vgl. E, 48; H, 51,52; L, 62). Die vierte Unterkategorie erfasst die Antworten, die beschreiben, dass auch der potentielle Nutzen für das Unternehmen nicht eingetreten ist (vgl. A, 64; E, 46; G, 28). Die letzte Unterkategorie wurde dem Befragten zugeordnet, der keinen Nutzen in der Veränderung für das Unternehmen sah, was er damit begründete, dass er von Anfang an wusste, dass der Wandel nicht funktionieren könne (J, 49).

5.2.3 Kommunikation als Einflussfaktor in der Veränderung

Die Befragung ergab, dass die Kommunikation einen zentralen Einfluss auf das Ergebnis der beschriebenen Change-Management-Prozesse hatte. Aus diesem Grund wurde Kategorie 4, welche die wahrgenommenen Gründe für das Scheitern des Change aufzeigt, hier eingeordnet. Nicht alle, aber die meisten Gründe liegen in der Kommunikation bzw. in einem kommunikationsnahen Umfeld. Tabelle 5 gibt eine erste Übersicht über die im folgenden beschriebenen Kategorien.

5.2 Empirische Untersuchung

Tabelle 5 Kategorienübersicht Kommunikation als Einflussfaktor in der Veränderung

Kat. Nr.	Bezeichnung	Unterkategorien
4	Gründe für das Scheitern	– Veränderungsprozess unzureichend geplant – Fehlende Partizipation – unzureichende/fehlende Kommunikation – Führung bremst Veränderung – keine verlässliche Kommunikation – Veränderung wird nicht gelebt – unzureichende Qualifizierung der MA oder FK
9	Verstehen des Prozesses	– Verstehen selbst erarbeitet – Prozess verstanden – Verstehen durch Erklärung aus dem UN – intuitives Verständnis im Laufe des Prozesses – Prozess teilweise verstanden
11	Kommunikation des Scheiterns	– Scheitern nicht kommuniziert/ verschleiert – Scheitern kommuniziert

Anmerkungen: Kat. Nr. = Kategorie Nummer, MA = Mitarbeitenden, FK = Führungskräfte/ Führungskraft, UN = Unternehmen

Kategorie 4 – Gründe für das Scheitern von Change-Management-Prozessen. Die unzureichende strategische Planung des Veränderungsprozesses wird in der ersten Unterkategorie als Begründung für dessen Scheitern geschildert. Diese unzureichende Planung erstreckt sich von einer ungenügenden Personalplanung (vgl. G, 26; H, 26; J, 11,26) über eine, als fehlend wahrgenommene, Vorabanalyse der Gesamtsituation (vgl. A, 6; B, 27; K, 22) bis hin zu einer komplett fehlenden bzw. nicht erkennbaren Prozess-Strategie (vgl. D, 59; J, 13; L, 38). Die zweite Unterkategorie fasst alle Aussagen zusammen, die eine fehlende Partizipation als Ursache für das Scheitern sehen. Es wurde beschrieben, dass die Mitarbeitenden nicht in die Prozessplanung einbezogen worden waren (vgl. A, 8; C, 27; D, 22) und teilweise auch vor vollendete Tatsachen gestellt wurden (vgl. F, 8; G, 24; J, 8;). In der dritten Unterkategorie wurde die unzureichende bzw. die fehlende Kommunikation als Begründung für das Scheitern genannt. Bemängelt wurde hier u.a., dass teilweise gar keine Kommunikation mit den Mitarbeitenden stattfand (vgl. B, 63; D, 11; J, 19). Die Kommunikation wurde außerdem als zu selten oder zu unvollständig (vgl. A, 53; I, 5; K, 34), zu kurzfristig (vgl.

B, 2; G, 33,34; I, 8) oder zu indirekt (vgl. B, 45, H, 29) kritisiert. Zusätzlich wurde es als hinderlich empfunden, wenn die Kommunikation nur auf schriftlichem Weg (vgl. A, 52; D, 26; E, 27) bzw. über Online-Meetings (vgl. E, 31; F, 11; D, 28) stattfand. Des Weiteren wurden Unklarheit oder Irrführung in der Kommunikation aufgezeigt (vgl. A, 78, E, 23, K, 14) und die teilweise daraus folgende Zunahme spekulativer „Flur-Gespräche" wurde beschrieben (vgl. F, 7; K, 5; I, 4). Der vierten Unterkategorie sind Äußerungen zugeordnet, die sich darauf beziehen, dass die Veränderung durch das Verhalten der Führungskraft gebremst oder verhindert wurde. Dies habe zum einen daran gelegen, dass die Führungskräfte nicht hinter den geplanten Veränderungen gestanden (vgl. C, 11; L, 47) oder kein Interesse an der Veränderung gezeigt bzw. sie aktiv abgelehnt hätten (vgl. A, 27; C, 12; E, 53). Das Fehlen einer verlässlichen Kommunikation wurde in der fünften Unterkategorie aufgezeigt. Hier beschrieben die Interviewten Situationen, in denen zwar gewisse Dinge kommuniziert, dann jedoch nicht umgesetzt wurden (vgl. B, 12; E, 30; L, 25), in denen die Informationen aus verschiedenen Richtungen mit unterschiedlichem Inhalt gekommen sind (vgl. C, 31; B, 47) oder wenn insgesamt eher mit schwankender Intensität bzw. Kontinuität kommuniziert wurde (vgl. A, 82; H, 35). Die sechste Unterkategorie fasst Beobachtungen und Erlebnisse zusammen, die vermuten lassen, dass die Veränderung nicht gelebt wurde. Diese Unterkategorie überschneidet sich mit Kategorie 5 (Symptome des Scheiterns). In der symptomatischen Betrachtung haben die Teilnehmenden das Nicht-Leben der Veränderung in erster Linie als äußerlich erkennbares Merkmal des Scheiterns beobachtet. Dass die Veränderung nicht gelebt wurde und dieser Umstand zum Scheitern führte, leiteten die Befragten daraus ab, dass sie die Veränderung selbst nicht wahrnehmen konnten (vgl. C, 9,10; E, 67; H, 21) oder das Gefühl hatten, dass die Führungskräfte die Veränderung nicht ernst nahmen (vgl. D, 61; J, 27; L, 34). Andere Äußerungen beschreiben, dass die Veränderung schnell im Nichts verlief (vgl. H, 32; L, 29). In der siebten Unterkategorie wird das Scheitern mit der fehlenden Qualifizierung der Mitarbeitenden oder Führungskräfte begründet. Dabei ging es einerseits um die Qualifizierung für die Neuerungen des Wandels selbst (vgl. D, 19; G, 30; I, 35) und andererseits um die grundlegende Qualifizierung im Umgang mit Menschen zur erfolgreichen Herbeiführung der Veränderung (vgl. F, 40; L, 32).

Kategorie 9 – Verstehen des Prozesses. Diese Kategorie fasst alle Aussagen zusammen, die darüber informieren, inwiefern die Mitarbeitenden den geplanten Change-Management-Prozess grundsätzlich verstehen konnten. Um eine logische Abfolge zu schaffen, wird die zweite vor der ersten Unterkategorie dargestellt. Die zweite Unterkategorie beschreibt, dass die betreffenden Personen den Prozess grundsätzlich verstanden haben, zunächst ohne Einordnung der Verantwortlichkeit für den Erkenntnisgewinn (vgl. A, 49; F, 50; K, 30). Die erste Unterkategorie enthält alle Aussagen dazu, dass der Prozess verstanden wurde, indem die Interviewten ihn sich durch persönliches Hintergrundwissen (vgl. A, 46; C, 32; E, 32) oder eigene Recherchen (vgl. D, 42; I, 38) selbst erklärt haben. In der dritten Unterkategorie sind alle Äußerungen erfasst, die zeigen, dass den befragten Personen der Prozess von den verantwortlichen Führungskräften erklärt wurde (vgl. A, 51; F, 51; K, 31). Ein Befragter berichtete von einem intuitiven Verständnis des Prozesses durch Beobachtungen (B, 48) – dieses Ergebnis wurde zur vierten Unterkategorie. Die fünfte Unterkategorie erfasst die Beiträge, die zeigen, dass die Personen den Prozess nur teilweise verstanden hatten (vgl. D, 32; I, 37; L, 36).

Kategorie 11 – Kommunikation des Scheiterns. Diese Kategorie schließt das Kapitel mit den Betrachtungen dazu, inwiefern das Scheitern des Change-Management-Prozesses gegenüber den Mitarbeitenden kommuniziert wurde. Die erste Unterkategorie umfasst die Aussagen dazu, dass das Scheitern nicht kommuniziert (vgl. C, 36; E, 44; L, 56) oder sogar verschleiert wurde (vgl. D, 37; G, 43; K, 24). Die zweite Unterkategorie enthält zwei Fälle, in denen das Scheitern im Unternehmen kommuniziert wurde. In beiden Fällen geschah dies jedoch nur gegenüber den einzelnen Mitarbeitenden (B, 57; J, 56).

5.2.4 Veränderung trotz Scheitern

Nachdem die Prozesse in ihrem Scheitern aus der Perspektive der Mitarbeitenden hinreichend beschrieben wurden, widmet sich dieser Abschnitt den Beiträgen, die sich darauf beziehen, inwiefern sich die Befragten vorstellen können, die geplante Veränderung weiterhin zu unterstützen, obwohl der Prozess zuvor gescheitert war und teilweise sehr ungünstige Auswirkungen auf die Mitarbeitenden persönlich hatte. Eine Übersicht der verwendeten Kategorien gibt Tabelle 6.

Tabelle 6 Kategorienübersicht: Veränderung trotz Scheitern

Kat. Nr.	Bezeichnung	Unterkategorien
13	gewünschtes Verhalten der Führungskraft nach dem Scheitern	– klare Strukturen aufzeigen – partizipative Kommunikation – aus Fehlern lernen – homogene Kommunikation mit allen MA – Engagement für die Veränderung
14	hilfreiche Kommunikation im bzw. nach dem Scheitern	– persönliches Gespräch – klare Kommunikation/ Transparenz/ Ehrlichkeit – Vertrauen schaffen – Respekt und Wertschätzung – Fehler eingestehen

Anmerkungen: Kat. Nr. = Kategorie Nummer, MA = Mitarbeitenden

Kategorie 13 – gewünschtes Verhalten der Führungskräfte nach dem Scheitern. Die Befragung ergab, dass die Mitarbeitenden klare Vorstellungen davon hatten, wie sich die Führungskräfte in einem scheiternden Change-Management-Prozess verhalten könnten, um die Unterstützung und das Vertrauen der Mitarbeitenden zurückzugewinnen. Die erste Unterkategorie zeigt den Wunsch nach klaren Strukturen auf. Die Mitarbeitenden wünschten sich eine größere Klarheit im Hinblick auf Ziele und Perspektiven für sich selbst bzw. das Unternehmen (vgl. A, 70; F, 73; H, 69). Zusätzlich wollten sie den Prozess besser verstehen (vgl. G, 56; J, 65; K, 48) und konkrete Maßnahmen bzw. Handlungsfelder erkennen (vgl. D, 48; I, 7; L76). Die zweite Unterkategorie fasst alle Äußerungen zu einem Wunsch nach partizipativer Kommunikation zusammen. Viele der Mitarbeitenden wollten in den

Prozess einbezogen werden (vgl. A, 76; H, 54; K, 45), zum Beispiel durch eine Mitarbeitenden-Befragung (vgl. F,69; E, 68; G, 48). Andere wollten als Expert:innen auf dem eigenen Arbeitsgebiet gehört und ernstgenommen werden (vgl. D, 46; J, 51; L, 66). Zum Teil wurde außerdem der Wunsch geäußert, eine Möglichkeit zu erhalten, die Führungskräfte im Aufsetzen eines weiteren Prozesses mit dem eigenen Wissen und Können zu unterstützen (vgl. B, 52; C, 50). Die dritte Unterkategorie fasst zusammen, dass sich die Mitarbeitenden wünschen, dass Fehler reflektiert werden und aus diesen gelernt wird (vgl. G, 61; I, 47; L, 64). Die Führungskräfte könnten, nach Darlegung der Befragten, Entscheidungen rückgängig machen (vgl. B, 66; C, 58; F, 63) oder das, was gefehlt hat, nachholen (vgl. D, 53; F, 61; L, 77). In der vierten Unterkategorie sind alle Äußerungen zusammengefasst, die zeigen, dass die Mitarbeitenden sich von der Führungskraft eine homogene Kommunikation mit allen Beteiligten wünschen, auch über Hierarchie- oder Partnerunternehmensgrenzen hinweg (vgl. C, 54; G, 60; J, 64). In der fünften Unterkategorie finden sich all jene Beiträge, die sich auf das gewünschte Engagement der Führungskräfte beziehen. Die Führungskräfte sollten den Prozess ernstnehmen (vgl. C, 60; I, 49; J, 55), konsequenter sein (vgl. E, 54; H, 58) sowie trotz des Scheiterns an der Veränderung festhalten und dafür ggf. andere Wege gehen (vgl. E, 49; I, 46; L, 74).

Kategorie 14 – Hilfreiche Kommunikation im bzw. nach dem Scheitern. Diese Kategorie enthält alle Äußerungen dazu, welche Art der Kommunikation die Befragten als hilfreich erachtet hätten, um sich und ihre Kolleg:innen oder Mitarbeitenden von einem Festhalten am ursprünglichen Veränderungsvorhaben zu überzeugen.

Die erste Unterkategorie spiegelt den Wunsch nach einem persönlichen Gespräch wider (vgl. E, 58; F, 67; I, 56), welches teilweise sogar als einzige Möglichkeit gesehen wird, überhaupt wieder in einen guten Kontakt mit den Mitarbeitenden zu kommen (vgl. A, 71; C, 51; D, 49). Die zweite Unterkategorie führt alle Aussagen zusammen, die sich für eine klare Kommunikation (vgl. A, 73; D, 54; G, 54), Ehrlichkeit (vgl. E, 56; H, 62; J, 69) und Transparenz (vgl. G, 47; K, 41; L, 2) aussprechen. Die dritte Unterkategorie enthält jene Beiträge dazu, dass die Mitarbeitenden durch die Kommunikation wieder Vertrauen finden wollen (vgl. A, 77; B, 68; F, 71). Sie wünschen sich die Sicherheit für die eigene Zukunft (vgl. D, 56; E, 50; L, 73) und eine ernstzunehmende Ansprechperson, die für sie da ist (vgl. D, 50; E, 61; F, 72). Alle Äußerungen zu Respekt und Wertschätzung als wünschenswerte Kommunikation sind in der vierten Unterkategorie zusammengefasst. Die Befragten wollten z.B. als Ressource für das Unternehmen wertgeschätzt werden (vgl. H, 57; J, 68) und erkennen Wertschätzung auch in einer Integration in den Prozess (vgl. G, 49; H, 76). Die Wertschätzung und Akzeptanz der Führungskraft ist ihnen wichtig (vgl. B, 70; I, 53; K, 53), genauso wie Lob und Anerkennung für ihre erbrachten Leistungen innerhalb des bisherigen Prozesses (vgl. G, 50; H, 77; K, 46). Die Unterkategorie stellt nochmals den Umgang mit den Fehlern dar, die gemacht wurden. Hier ging es den Befragten darum, dass Führungskräfte Fehler zugeben, also dass eine offene Kommunikation über Fehler oder das Scheitern an sich erfolgt (vgl. D, 51; E, 71; I, 42).

Der detaillierten Darlegung aller einzelnen Kategorien, welche aus der zusammenfassenden Inhaltsanalyse (Mayring, 2015) entstanden sind, folgt nun eine zusammengefasste Darstellung der empirischen Ergebnisse.

5.3 Ergebnisdarstellung

Nachdem die Kategorien der qualitativen Inhaltsanalyse (Mayring, 2015) ausführlich abgebildet wurden, werden die Ergebnisse der Befragung im Folgenden zusammengefasst.

12 Personen unterschiedlichen Alters, mit verschiedenen beruflichen Tätigkeiten, aus vielfältigen Hierarchieebenen und wirtschaftlichen Branchen wurden zu ihren persönlichen Erlebnissen und Beobachtungen in einem gescheiterten Change-Management-Prozess befragt. Hintergrund dieser Befragung war die empirische Datenerhebung zu der Frage, welche Faktoren in der Umsetzung von Veränderun-

5.3 Ergebnisdarstellung

gen nach einem gescheiterten Change-Management-Prozess aus Sicht der Mitarbeitenden relevant wären.

Es stellte sich heraus, dass sich alle Unternehmen vor der Durchführung des Veränderungsprozesses in einem guten wirtschaftlichen Zustand bzw. im Wachstum befanden. Der Gegenstand der Veränderung ging überwiegend mit dem Wachstum des Unternehmens einher. Die Grundhaltung der Befragten zum Veränderungsprozess war überwiegend sehr positiv. Sie waren Befürworter:innen des Wandels und trieben diesen teilweise auch aktiv voran. Fast alle Befragten haben den Prozess inhaltlich gut verstanden. Einige hatten eine Mitgestaltungsmöglichkeit in der Umsetzung des Change-Management-Prozess, andere wurden hingegen überhaupt nicht einbezogen.

Alle Teilnehmenden stellten selbstständig fest, dass der Prozess scheitern würde bzw. bereits gescheitert ist. Dies leiteten sie überwiegend daraus ab, dass die Veränderung nicht spürbar war bzw. ist, die Mitarbeitenden oder Führungskräfte sich dagegen wehrten oder die geplanten Maßnahmen nicht durchgeführt wurden bzw. im Nichts verlaufen sind. Das Scheitern des Prozesses wurde in keinem der beschrieben Fälle offiziell durch das Unternehmen kommuniziert. Aus Sicht der Befragten war der jeweilige Prozess überwiegend aufgrund unzureichender Kommunikation sowie ungenügender Vorausplanung des Veränderungsprozesses gescheitert. Weitere Aussagen deuten darauf hin, dass der Prozess misslungen war, weil Führungskräfte zu wenig mitwirkten oder nicht qualifiziert genug dafür waren.

Die befragten Personen berichteten von überwiegend negativen Gefühlen und nachteiligen persönlichen Auswirkungen als Folge des scheiternden Prozesses, darunter Frustration, Angst, Motivationsverlust und Unsicherheit. Wenige Personen konnten dem Prozess auch positive Auswirkungen zuschreiben. Die Hälfte der Befragten ist als Folge des gescheiterten Change-Management-Prozesses aus dem Unternehmen ausgeschieden, zwei weitere denken aktuell über einen Wechsel der Arbeitsstelle nach. Neben dem Verlust wichtiger Mitarbeitender führte das Scheitern des Prozesses auch zu anderen Beeinträchtigungen des

Kerngeschäfts sowie zum Verlust des Vertrauens der Mitarbeitenden in das Unternehmen.

Die befragten Mitarbeitenden konnten auch nach dem Scheitern noch den Nutzen erkennen, den die geplante Veränderung für sie selbst oder das Unternehmen hätte haben können, wenn sie nicht gescheitert wäre oder wenn sie später doch noch umgesetzt werden könnte.

Um die ursprüngliche Veränderung trotz des gescheiterten Prozesses nochmals anzugehen, äußerten die Mitarbeitenden ein Bedürfnis nach klaren Strukturen sowie nach einer wahrnehmbaren Form der Partizipation am Prozess. Sie wollten transparent informiert und befragt sowie mit ihren Beiträgen ernst genommen und wertgeschätzt werden. Die persönliche Kommunikation stand dabei im Vordergrund. Von den Führungskräften wurde erwartet, dass sie zu Fehlern im Prozess und einem Scheitern der Veränderung stehen und diese reflektieren, um dann, konsequenter als bisher, neue Wege zu gehen.

Nachdem alle Erkenntnisse aus der empirischen Untersuchung dargelegt und zusammengefasst wurden, werden im nachfolgenden Kapitel schließlich die empirischen Subforschungsfragen beantwortet.

5.4 Beantwortung der empirischen Subforschungsfragen

Die vorliegende Forschungsarbeit hat das Ziel, jene Faktoren zu betrachten, welche aus Sicht der Mitarbeitenden von Unternehmen notwendig sind, um eine geplante Veränderung, auch im Anschluss an einen zunächst gescheiterten Change-Management-Prozess, erfolgreich umzusetzen. Zur Bearbeitung dieser Themenstellung wurden die relevante Fachliteratur untersucht und empirische Daten in Interviews gewonnen und qualitativ analysiert. Die empirische Untersuchung wurde vor dem Hintergrund der dazu formulierten empirischen Subforschungsfragen aufgebaut und soll durch die ermittelten Ergebnisse zu deren Beantwortung beitragen. Dazu werden die Ergebnisse der qualitativen Forschung und die theoretischen Erkenntnisse aus der Fachliteratur im Folgenden miteinander verknüpft.

5.4 Beantwortung der empirischen Subforschungsfragen

6. Woran wird für Mitarbeitende erkennbar, dass ein Change-Management-Prozess gescheitert ist? Scheitern bedeutet, dass ein angestrebtes Ziel nicht erreicht wurde bzw. bedeutet es, keinen Erfolg mit einem Vorhaben zu erzielen (www.duden.de, abgerufen am 29.03.2020). Inwiefern ein Vorhaben gescheitert ist, liegt in der Perspektive der Person, welche die Situation beurteilt (Kuhnert, et al., 2016; Schaller & Morgenroth, 2010). Alle Interview-Partner:innen haben den selbst beschriebenen Fall als gescheiterten Change-Management-Prozess bezeichnet und konnten zudem konkrete Anzeichen formulieren, an denen für sie erkennbar oder spürbar wurde, dass der Prozess gescheitert war (Kap. 5.2.2, Kat. 5). Zu den beschriebenen Merkmalen des Scheiterns gehörte, dass die Veränderung nicht gelebt wurde und dass an Kolleg:innen oder an unterstellten Mitarbeitenden Angst, Passivität oder Widerstand beobachtet wurde. Wenn der Veränderungsprozess spürbar war, die Veränderung jedoch keine Wirkung hatte oder sogar die Situation der Mitarbeitenden noch verschlechterte, wurde dies ebenfalls als Zeichen des Scheiterns gesehen. Einige der Befragten erkannten das Scheitern daran, dass im Rahmen des Veränderungsprozesses bestimmte Ankündigungen oder Versprechen gemacht wurden, die sich dann nicht erfüllten oder sogar gegensätzlich eintraten. Eine erkennbare Uneinigkeit der Führungskräfte oder Betriebsräte wurde als weiteres Symptom des Scheiterns, vor allem in Fällen von Unternehmenszusammenschlüssen, beschrieben.

7. Welche Art der Kommunikation bevorzugen Mitarbeitende im Zuge eines scheiternden Change-Management-Prozesses? Kommunikation wird in der Wissenschaft als einer der besonders wichtigen Einflussfaktoren von Veränderungsprozessen beschrieben (vgl. Doppler et al., 2014; Kotter, 2012; Lauer, 2019; Lies & Schoop, 2011; Reiners, 2015). Um Mitarbeitende von der geplanten Veränderung zu überzeugen, braucht es eine transparente Kommunikation, die einen Dialog fördert, die Mitarbeitenden umfassend und verständlich informiert und bei Bedarf in den Prozess einbezieht (vgl. Doppler et al., 2014; Helpap et al., 2017; Kotter, 2012; Lauer, 2019; Lies & Schoop, 2011). Wenn ein Vorhaben scheitert oder Fehler gemacht werden, ist es wichtig, diese offen zuzugeben und zu reflektieren, um dann daraus zu lernen und neue Wege gehen zu können (vgl. Frese & Keith, 2015; Hagen, 2017; Kuhnert et al., 2016; Morgenroth & Schaller, 2010). Diese Erkenntnisse aus der Fachliteratur spiegeln sich in den Ergebnissen der qualitativen Befragung wider (Kap. 5.2.4, Kat. 13,14). Wenn ein Change-Management-Prozess scheitert oder bereits gescheitert ist, bevorzugen die Befragten eine klare, ehrliche und transparente Kommunikation diesbezüglich. Dies hilft ihnen, die Hintergründe des Prozesses und des Scheiterns zu verstehen und wieder Vertrauen in das Unternehmen und den Prozess an sich zu gewinnen. Diese Art der Kommunikation geht auch damit einher, dass das Scheitern offen kommuniziert wird und die Prozess-Verantwortlichen zu ihren Fehlern stehen. Die Befragten wünschen sich außerdem eine kommunikative Beteiligung am Prozess, um das eigene Wissen oder zumindest die eigene Meinung zu den Vorhaben zu äußern und damit zur Verbesserung der Lage beizutragen.

8. Inwiefern können Mitarbeitende, trotz misslungenem Prozess, die Ziele und Potentiale von geplanten Veränderungen weiterhin erkennen und sich mit diesen identifizieren? Der Widerstand von Mitarbeitenden hat einen sehr großen Einfluss auf das potentielle Scheitern von Veränderungen (vgl. Doppler et al. 2014; Doppler & Lauterburg, 2014; Lauer, 2019; Oreg, 2003). Die Literatur beschreibt als Gründe für den Widerstand der Mitarbeitenden, dass sie sich nicht mit dem Prozess identifizieren können, weil sie dessen Ziele und Potentiale nicht erkennen oder mehr Nachteile als Vorteile für sich persönlich sehen (vgl. Doppler & Lauterburg, 2014; Lauer, 2019). Die empirische Befragung ergab im Gegensatz dazu, dass die Mitarbeitenden trotz des Scheiterns oft noch erkennen können, welchen positiven Einfluss die geplante Veränderung auf das Unternehmen bzw. sie selbst haben könnte (Kap. 5.2.2, Kat. 12). Das Scheitern hatte teilweise sehr starke negative Einflüsse auf den Arbeitsalltag, das Privatleben, die Gesundheit und besonders auch die Gefühle der Befragten (Kap. 5.2.2, Kat. 6). Sie durften den Prozess oft nicht mitgestalten (Kap. 5.2.2, Kat. 10) und es wurde selten bis gar nicht

5.4 Beantwortung der empirischen Subforschungsfragen

mit ihnen über den Veränderungsprozess kommuniziert (Kap. 5.2.3, Kat. 4). Trotzdem haben die meisten Befragten, aus eigener Initiative, dafür gesorgt, den Prozess und seine Ziele und Potentiale zumindest grundsätzlich verstehen zu können (Kap. 5.2.3, Kat. 9). Viele der Befragten drückten, gerade aufgrund der möglichen und erwünschten Weiterentwicklungen, ihre Enttäuschung und Trauer über das Scheitern des Prozesses aus (Kap. 5.2.2, Kat. 6).

9. Was motiviert Mitarbeitende, einen Change-Management-Prozess auch nach dessen Scheitern weiterhin aktiv zu unterstützen? Wenn ein Fehler passiert oder ein Vorhaben gescheitert ist, ist es zur konstruktiven Bewältigung wichtig, eine gemeinsame Perspektive zu schaffen und mit allen Beteiligten auf Augenhöhe darüber zu kommunizieren (vgl. Doppler et al., 2014; Frese & Keith, 2015; Hagen, 2017; Kuhnert et al., 2016). Während die Ansätze des Fehlermanagements eher den ressourcenorientierten Umgang mit Fehlern und deren Verursachenden beschreiben (vgl. Frese & Keith, 2015; Hagen, 2017; Kuhnert et al., 2016), nimmt das Konzept des organisationalen Lernens beide Perspektiven ein (Argyris & Schön, 1978; Crossan et al., 1999; Hartmann et al., 2006). Gemeinsame Visionen, Vertrauen, offene Kommunikation und eine wohlwollende Fehlerkultur werden als wichtige Faktoren aufgezeigt, um die Organisation und ihre Mitglieder in einen kontinuierlichen Lernprozess zu bringen.

Die empirische Befragung ergab dazu noch konkretere Aussagen. Fast alle Befragten gaben an, dass eine erneute Überzeugung und Motivation der Mitarbeitenden zunächst nur durch ein persönliches Gespräch unter vier Augen oder in einer sehr kleinen Gruppe möglich gewesen wäre (Kap. 5.2.4., Kat. 14). Von den Führungskräften (Kap. 5.2.4, Kat. 13) bzw. den Planenden der Veränderungsprozesse wird erwartet, dass sie ihre Fehler reflektieren und dass sie nachbessern, was misslungen ist. Das heißt, dass Entscheidungen zurückgenommen, Informationen nachgeliefert und Missstände behoben werden sollen. Die Befragten wünschen sich ab diesem Zeitpunkt klare Strukturen, an denen sie sich zukünftig orientieren können, um dadurch Sicherheit und Vertrauen zu gewinnen. Gleichzeitig wird die Motivation aus Sicht der Befragten dadurch gefördert, dass die Mitarbeitenden für ihren bis dahin erbrachten Beitrag zum Prozess bzw. allgemein als wertvolle Ressource des Unternehmens geschätzt werden und ihnen dafür ehrlich und persönlich gedankt wird. Ein Großteil der Befragten gab ebenfalls an, dass das Engagement der Führungskraft im Veränderungsprozess deutlich stärker wahrnehmbar sein sollte als bis dahin. Die Mitarbeitenden wollen spüren, dass auch die Führungskraft hinter der Veränderungsvision steht und sie tatkräftig dabei unterstützt, die geplante Veränderung, trotz des anfänglichen Scheiterns, noch umzusetzen.

Nach der Beantwortung der empirischen Subforschungsfragen schließt diese Arbeit im nachfolgenden Kapitel mit einer Conclusio.

6. Conclusio

Das Thema der Forschungsarbeit „Die erfolgreiche Umsetzung von Veränderungen nach gescheiterten Change-Management-Prozessen" wurde anhand relevanter Fachliteratur aufgearbeitet und in einer qualitativen Forschung mittels Expert:innen-Interviews untersucht. Die gewonnen Erkenntnisse bilden in den nachfolgenden Kapiteln die Grundlage zur Beantwortung der Hauptforschungsfrage (Kap. 6.1). Nach einer kritischen Diskussion der Ergebnisse (Kap. 5.2) folgen anknüpfende Handlungsempfehlungen für die Praxis (Kap. 5.3). Nach der Betrachtung der Limitationen dieser Arbeit (Kap. 5.4) stellt der Ausblick (Kap. 5.5) mögliche weiterführende Forschungsansätze auf diesem Feld dar und schließt diese Arbeit damit ab.

6.1 Beantwortung der Hauptforschungsfrage

Dieses Kapitel führt die theoretischen und empirischen Ergebnisse zusammen, um anhand dieser die Hauptforschungsfrage zu beantworten.

Welche Faktoren sind in der Umsetzung einer Veränderung im Anschluss an einen gescheiterten Change-Management-Prozess aus Sicht der Mitarbeitenden relevant?

Ein Großteil aller Veränderungsprozesse scheitert u.a. durch unternehmensinterne Gründe wie fehlende Visionen, unzureichende Planung, lückenhafte Kommunikation oder falsches Führungsverhalten (vgl. Doppler et al., 2014; Doppler & Lauterburg, 2014; Kotter 2012; Lauer

2019; Oreg 2003, Stolzenberg & Heberle, 2009). Für die betroffenen Mitarbeitenden hat das Scheitern eines Veränderungsprozesses oft massive Auswirkungen auf die berufliche Tätigkeit, die Arbeitszufriedenheit und manchmal auch auf die Gesundheit. Dies führt häufig dazu, dass Mitarbeitende das Unternehmen freiwillig verlassen oder in einen passiven oder aktiven Widerstand gegen die Veränderung eintreten (vgl. Doppler et al. 2014; Lauer, 2019; Lies & Schoop, 2011; Reiners, 2015). Trotz dieser starken Auswirkungen zeigt sich, dass Mitarbeitende auch nach einem Scheitern, unter bestimmten Umständen, weiterhin bereit sind, an der geplanten Veränderung festzuhalten.

Ein klassischer Change-Management-Prozess wird, in seiner Eigenschaft als Prozess, oft anhand einer Reihe von aufeinander aufbauenden Phasen dargestellt (vgl. Krüger, 2014; Lauer, 2019; Lewin,1947). Die *relevanten Faktoren* zur erfolgreichen Umsetzung einer Veränderung im Anschluss an einen gescheiterten Change-Management-Prozess wurden deshalb ebenfalls in drei aufeinanderfolgende Phasen untergliedert, wobei die Faktoren jeweils die Erfüllungskriterien der einzelnen Phasen darstellen. Dieser Vorgehensweise liegt die Grundannahme des Fehlermanagements (vgl. Frese & Keith, 2015; Kuhnert et al, 2016) sowie des organisationalen Lernens (Argyris & Schön, 1978) zugrunde, dass Fehler oder ein Scheitern nicht das Ende, sondern vielmehr ein Teil des Change-Management-Prozesses seien. Die Darstellung in Phasen zeigt außerdem, dass die Umsetzung einzelner ausgewählter Faktoren, den empirischen Erkenntnissen aus dieser Arbeit zufolge, nicht denselben Erfolg verspricht, wie die nachfolgend beschriebene Struktur, die alle bzw. zumindest einen Großteil der Faktoren berücksichtigt.

In der ersten Phase sollte das Scheitern zunächst durch die Change-Management-Verantwortlichen und die Führungskräfte anerkannt werden. Die relevanten Faktoren in dieser Phase sind, dass das Scheitern offen kommuniziert und die Gründe dafür transparent und vor allem konstruktiv reflektiert und analysiert werden. Diese Reflexion kann im Kreis der Verantwortlichen stattfinden und nur die Ergebnisse sollten den Mitarbeitenden in der zweiten Phase offengelegt werden.

Die zweite Phase zeichnet sich vordergründig durch persönliche, transparente und ehrliche Kommunikation aus. Die Mitarbeitenden sollten in einem persönlichen Gespräch über die Situation, die Hintergründe des Scheiterns und, falls notwendig, auch über die Vision der Veränderung informiert werden. In dieser Phase geht es darum, dass die Mitarbeitenden wieder Vertrauen in das Unternehmen und in den Prozess gewinnen. Deshalb sollten im persönlichen Gespräch möglichst viele Fragen der Mitarbeitenden beantwortet und ihnen in ihren Anliegen, Gefühlen und Bedenken aktiv zugehört werden. Hier ist es besonders bedeutsam, dass die Mitarbeitenden merken, wie wichtig sie für das Unternehmen sind und dass sie ernstgenommen werden.

Die dritte Phase könnte auch als „Neustart" bezeichnet werden. Die wesentlichen Faktoren bestehen darin, dass neue Strategien, ggf. gemeinsam mit den Mitarbeitenden, erarbeitet werden und dass diese dann klar, verständlich und umfassend kommuniziert werden. In dieser Phase ist es bedeutsam, dass die Mitarbeitenden als Fachleute für ihren eigenen Arbeitsbereich ernst genommen und wertgeschätzt werden. Der regelmäßige, konstruktive Austausch sowie die Ehrlichkeit und die Transparenz spielen auch hier eine entscheidende Rolle. Schließlich sollte in dieser Phase erkennbar werden, dass das Unternehmen aus dem Scheitern lernen konnte und die neuen Strategien kontinuierlich von allen Beteiligten verfolgt und gelebt werden.

Nachdem die Hauptforschungsfrage beantwortet ist, werden nachfolgend die Erkenntnisse aus der theoretischen und empirischen Analyse in Bezug zueinander diskutiert.

6.2 Diskussion

Im folgenden Kapitel werden die Ergebnisse der empirischen Erhebung im Hinblick auf die bestehende Fachliteratur kritisch diskutiert.

Diese Arbeit beschreibt u.a. Erfolgsfaktoren für Change-Management-Prozesse (Kap. 2.2.1) und Fehler, die als Gründe für das Scheitern von Change-Management-Prozessen (Kap. 2.3.1) gesehen werden. Die Ergebnisse der empirischen Befragung zu den Ursachen des Scheiterns

(Kap. 5.2.3, Kat. 4) überschneiden sich deutlich mit den Erkenntnissen aus der Theorie. Gleichzeitig finden sich die Erfolgsfaktoren aus der Literatur in den Kategorien 13 und 14 (Kap. 5.3.4) der empirischen Analyse wieder, in welchen zusammengefasst wurde, wie sich die Mitarbeitenden eine Fortsetzung der geplanten Veränderung vorstellen könnten. Daraus kann geschlossen werden, dass es recht einfach sein könnte, die Mitarbeitenden wieder von einer Fortsetzung des Wandels zu überzeugen. Die Verantwortlichen könnten die Fehler eingestehen und den Prozess dann unter Einbeziehung der Erfolgsfaktoren durchführen, die in der Literatur beschrieben und in zahlreichen Studien untersucht werden. Es stellt sich deshalb die Frage, was die Unternehmen daran hindert, dies zu tun und wie eine so große Zahl an Prozessen scheitern kann.

Gerade weil die Literatur der Kommunikation einen sehr hohen Stellenwert in Veränderungsprozessen beimisst (vgl. Doppler et al., 2014; Kotter, 2012; Lauer, 2019; Lies & Schoop, 2011; Reiners, 2015), war es überraschend, zu sehen, wie stark sich dieser Faktor in der Befragung der Expert:innen widergespiegelt hat. Hier wurde deutlich sichtbar, dass für Mitarbeitende eine klare und beteiligende Kommunikation offenbar der zentrale Erfolgs- bzw. Misserfolgsfaktor der Veränderung ist. Allein 15,8 % aller extrahierten Paraphrasen flossen in diese zwei Unterkategorien der Kategorie 4 (Kap. 5.2.3) „Gründe für das Scheitern" ein. Alle beschriebenen negativen Auswirkungen des Scheiterns (Kap. 5.2.2, Kat. 6) wurden in einen inhaltlichen Zusammenhang mit Kommunikation gebracht. Alle Interview-Partner:innen hatten Ideen und Hinweise, wie das Scheitern hätte verhindert werden können, wurden jedoch bei fast allen erörterten Prozessen überwiegend außen vor gelassen. Dies lässt vermuten, dass die verantwortlichen Führungskräfte in den Veränderungsprozessen sich der Wichtigkeit einer partizipativen Kommunikation mit den Mitarbeitenden entweder gar nicht bewusst waren oder diese stark unterschätzten. Gleichzeitig könnten sich hier die Vermutungen mancher Autor:innen (vgl. Krüger, 2014; Lauer, 2019) bestätigen, dass mit den Mitarbeitenden bewusst nicht kommuniziert wird, weil der Aufwand zu hoch erscheint oder

6.2 Diskussion

befürchtet wird, dass die Beteiligten dann in den Widerstand gehen, wenn sie alle Informationen kennen. Besonders vor dem Hintergrund, dass die geplanten Veränderungen oft gar nicht umgesetzt worden sind bzw. nicht den gewünschten Erfolg erzielten, kann kritisch hinterfragt werden, inwiefern eine solche Strategie überhaupt erfolgversprechend ist. Dazu wäre zu reflektieren, ob der größere Aufwand der Beteiligung von Mitarbeitenden die Effizienz des Prozesses in der Gesamtbetrachtung nicht sogar steigert.

Die zweite Erkenntnis, die aus dem Studium der Literatur im Abgleich mit den Expert:innen-Interviews entstand, ist, dass in der Theorie häufig die Widerstände der Mitarbeitenden gegen den Change beschrieben werden (vgl. Doppler et al. 2014; Doppler & Lauterburg, 2014; Lauer, 2019; Oreg, 2003). Im Gegensatz dazu beschrieben fast alle befragten Personen den Widerstand eher aus den Reihen der Führungskräfte. Während die Befragten von sich selbst und den Kolleg:innen eine überwiegend dem Wandel zugewandte Haltung beschrieben, sei diese Motivation durch abwesend oder desinteressiert wirkende Führungskräfte gebremst worden. In den meisten Fällen seien es die Führungskräfte gewesen, die den Wandel nicht lebten oder sogar aktiv verhinderten. Die Begründung für den Unterschied zwischen Theorie und Praxis kann darin liegen, dass diese Arbeit die Thematik aus der Sicht der Mitarbeitenden betrachtet, während die Literatur die Sicht der Führungskräfte oder eine eher prozessüberblickende Sichtweise einnimmt. Dazu wäre von Fall zu Fall zu reflektieren, wo eigentlich der Anfang des Widerstands liegt, beim Mitarbeitenden oder bei der Führungskraft. Dieser Ansatz findet sich auch bei Ford et al. (2008) wieder.

Es ließ sich außerdem in der empirischen Untersuchung unerwartet stark erkennen, wie viel Bereitschaft Mitarbeitende auch unter prekären Umständen zeigen, das Unternehmen weiterhin zu unterstützen. Viele der befragten Expert:innen hatten unter großen negativen Auswirkungen des scheiternden Prozesses zu leiden, wären aber im Anschluss daran, unter den richtigen Bedingungen, immer noch bereit gewesen, einen neuen Anfang für die tatsächliche Umsetzung der Veränderung zu unterstützen. Teilweise schien es, als würden die Mitarbeitenden länger an der Umsetzung der Veränderung festhalten, als die Vorgesetzten.

Diese Erkenntnisse implizieren, dass die Mitarbeitenden auch nach dem Scheitern noch vom Festhalten an der Veränderung zu überzeugen wären, wenn auch die Führungskräfte sich darauf einlassen würden und die in Kapitel 6.1 beschriebenen Faktoren berücksichtigten.

Aufbauend auf den Erkenntnissen aus Theorie und empirischer Untersuchung entstand eine Handlungsempfehlung, die im folgenden Kapitel zur Umsetzung in die Praxis beschrieben wird.

6.3 Empfehlungen

In Anbetracht der Häufigkeit scheiternder Change-Management-Prozesse erscheint es für Unternehmen und Organisationen sinnvoll, nicht nur die Gründe und Verantwortungsträger des Scheiterns zu erkennen, sondern das Scheitern auch als Teil eines Change-Management-Prozesses zu verstehen. Auf diese Weise verliert das Scheitern den Beigeschmack des Versagens und wäre ein ähnliches Phänomen innerhalb der Veränderung, wie es auch schon der Widerstand der Mitarbeitenden in der Literatur geworden ist – ein teilweise unvermeidlicher Anteil des Prozesses (vgl. Doppler et al. 2014, Lauer 2019). An diesem Punkt würde dann nicht mehr aufgegeben und die Mission, vielleicht voller Scham und Selbstkritik, für gescheitert bzw. beendet erklärt werden. Stattdessen könnte offen und transparent über das Scheitern gesprochen und in weiterer Folge aus den Fehlern, die zum Scheitern führten, gelernt werden. Erweist sich die geplante Veränderung trotz des Scheiterns als potentiell nützlich, kann ein Unternehmen nach dem Scheitern eines Change-Management-Prozesses daraus lernen. Wenn das Unternehmen dazu bereit ist und die Veränderung dann trotzdem noch erfolgreich umgesetzt werden soll, gilt der Prozess-Ablauf in Abbildung 2 als Handlungsempfehlung für dieses Vorgehen.

6.4 Limitationen

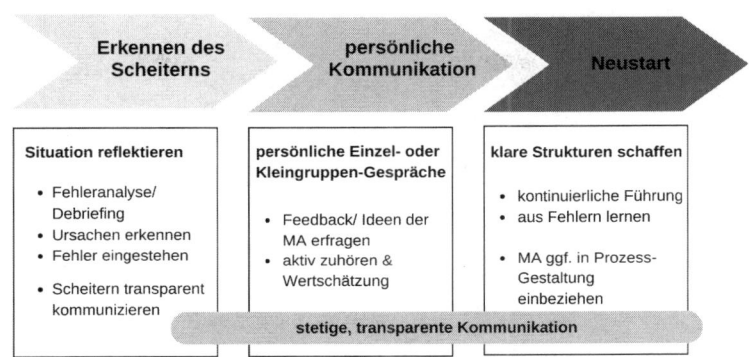

Abbildung 2 Umsetzung einer geplanten Veränderung im Anschluss an einen gescheiterten Change-Management-Prozess

Unabhängig davon, in welcher Phase der Veränderungsprozess scheitert, können die beschriebenen Phasen dem Scheitern nachgelagert und der Prozess damit unmittelbar verändert bzw. erweitert werden. Bevor der Prozess in dieser Form weitergeführt wird, ist es jedoch notwendig, dass sich alle Führungskräfte gemeinsam auf die kontinuierliche Umsetzung dieses Prozesses einigen und diese dann transparent und unter Partizipation der betroffenen Mitarbeitenden durchführen.

Trotz der beschriebenen praktisch relevanten Erkenntnisse unterlag die vorliegende Arbeit auch gewissen Limitationen, die im nachfolgenden Kapitel dargestellt werden.

6.4 Limitationen

Während der Bearbeitung dieses Forschungsthemas sind Limitationen sichtbar geworden, die im Folgenden beschrieben werden, um Anknüpfungspunkte für eine weiterführende Forschung zu geben.

6. Conclusio

Die qualitative Forschung mit Expert:innen-Interviews unterliegt stets gewissen Verzerrungen aufgrund der Menschlichkeit der Beteiligten (Mayring, 2015, S. 128). Die Gesprächsatmosphäre während der Interviews war durchgehend entspannt und offen und es bestand zu den befragten Personen teilweise eine sehr gute Bekanntschaft. Es wäre möglich, dass die Teilnehmenden die eigenen Aussagen deshalb einer subjektiv wahrgenommenen Erwartung der Interviewenden anpassten, was wiederum zu Ergebnisverzerrungen hätte führen können.

Da dem ersten Interview kein Pretest vorausgestellt wurde, kam es dazu, dass bis zum vierten Interview die Fragestellungen mehrmals leicht überarbeitet bzw. ergänzt wurden. Auch wenn die Veränderungen überwiegend formaler Natur waren, könnte dies zu leichten Unterschiedlichkeiten in der Art der Beantwortung der Fragen geführt haben.

Die unterschiedlichen Hierarchie-Ebenen und Bildungshintergründe der befragten Personen könnten die Befragungsergebnisse ebenfalls beeinflusst haben. Erfahrene Führungskräfte oder Personen mit wirtschaftswissenschaftlichem Bildungshintergrund reflektieren unternehmerische Prozesse möglicherweise anders, als Mitarbeitende ohne entsprechende Aus- oder Weiterbildungen. Die dargestellte Lösungsbereitschaft der Befragten und die zahlreichen konstruktiven Handlungsideen könnten auch damit einhergehen, dass viele der Befragten einen wirtschaftswissenschaftlichen Hintergrund mitbrachten.

Keine der befragten Personen hat die erfolgreiche Umsetzung einer Veränderung nach einem gescheiterten Change-Management-Prozess bisher miterlebt. Auch wenn die genannten Faktoren (Kategorie 13 und 14), sich überwiegend in den theoretisch dargestellten Erfolgsfaktoren des Change Managements (Kap. 2.2) wiederfinden, ist die konkrete Umsetzung von Veränderungen *nach* einem gescheiterten Prozess in der Fachliteratur noch nicht diskutiert worden und kann deshalb nicht durch vorherige theoretische Betrachtungen bestätigt werden.

Die beschriebenen Limitationen geben auf mehreren Gebieten den Raum für eine weiterführende Forschung, die im nachfolgenden Kapitel dargestellt wird.

6.5 Ausblick

Die Reflektion von Limitationen der vorliegenden Forschungsarbeit, brachten neue Felder für weiterführende Forschung hervor, die nachfolgend dargestellt werden.

Nachdem für die vorliegende Forschungsarbeit mit einer sehr heterogenen Fokusgruppe gearbeitet wurde, könnte eine erweiterte Durchführung der Befragung mit hierarchie- und bildungsgleichen Interview-Partner:innen ohne wirtschaftswissenschaftlichen oder ähnlichen Hintergrund zweckmäßig sein. Diese könnte aufzeigen, inwiefern die Ergebnisse sich dann von der vorliegenden Arbeit unterscheiden würden.

In Kapitel 2.3.2 wird eine Studie von Oreg (2003) zum Widerstands-Verhalten von Menschen während Veränderungen in Abhängigkeit zu Persönlichkeitsmerkmalen beschrieben. Aufgrund der Befragungsergebnisse dieser Forschungsarbeit ist anzunehmen, dass der überwiegende Anteil der Befragten selbst keinen hohen „resistance-to-change"-Wert (Oreg, 2003, S. 680) aufweist. Alle Interviewten erschienen sehr zugänglich für die geplanten Veränderungsvorhaben und unterstützten diese teilweise auch aktiv. Dahingehend könnte zunächst anhand der „Resistance to Change Scale" (Oreg, 2003, S. 680) untersucht werden, inwiefern diese Annahme der Wahrheit entspricht und danach, inwieweit sich die Ergebnisse der Befragung von Personen mit einem höheren „resistance-to-change"-Wert unterscheiden.

Eine weitere mögliche Fokusgruppe für dieses Forschungsgebiet könnten externe Change-Beratende sein. Auch wenn es über die betrachtete Themenfokussierung keine Fachliteratur gibt, ist anzunehmen, dass Fälle existieren, in welchen eine Veränderung trotz eines gescheiterten Change-Management-Prozesses unter anderen Bedingungen erfolgreich umgesetzt werden konnte. Da die Vermutung nahe liegt, dass in vielen Fällen nach Feststellung eines Scheiterns externe Beratende hinzugezogen werden, könnten die Erfahrungswerte dieser Personen zur Beantwortung der Fragestellung ebenfalls interessante Informationen beitragen.

6. Conclusio

Es zeigt sich, dass die Umsetzung von Veränderungen im Anschluss an gescheiterte Change-Management-Prozesse unter den beschriebenen Vorrausetzungen denkbar ist und Mitarbeitende oft sehr motiviert sind, an der geplanten Veränderung festzuhalten. Alle weiteren Forschungen könnten dazu beitragen, die Prozessgestaltung nach dem Scheitern zu optimieren. Die betroffenen Unternehmen könnten auf diese Weise mit einem nachhaltigen Lerneffekt aus einem solchen Prozess hervorgehen, um die notwendige Veränderung schließlich erfolgreich zu implementieren.

7. Literaturverzeichnis

Argyris, C., & Schön, D. A. (1978). *Organizational Learning: A theory of action perspective*. Reading: Addison-Wesley.

Bach, N. (2014). Leadership in Change. In W. Krüger, & N. Bach (Hrsg.). *Excellence in Change: Wege zur strategischen Erneuerung* (5. Aufl., S. 97–129). Wiesbaden: Springer. doi: 10.1007/978-3-8349-4717-8

Bay, R. H. (2010). *Erfolgreiche Gespräche durch aktives Zuhören* (7. Aufl.). Renningen: expert.

Becker, L. (2014). Human Resource Management im Wandel. In W. Krüger, & N. Bach (Hrsg.). *Excellence in Change: Wege zur strategischen Erneuerung* (5. Aufl., S. 203–236). Wiesbaden: Springer. doi: 10.1007/978-3-8349-4717-8

Brehm, C. R., & Petry, T. (2014). Toolbox – Denkwerkzeuge des Wandlungsmanagement. In W. Krüger, & N. Bach (Hrsg.). *Excellence in Change: Wege zur strategischen Erneuerung* (5. Aufl., S. 295 - 322). Wiesbaden: Springer. doi: 10.1007/978-3-8349-4717-8

Burnes, B., & Jackson, P. (2011). Success and Failure in Organizational Change: An Exploration of the Role of Values. *Journal of Change Management, 11* (2), 133–162. doi: 10.1080/14697017.2010.524655

Capgemini Consulting (2012). *Digitale Revolution: Ist Change Management mutig genug für die Zukunft? Change Management Studie 2012*. München: Capgemini Deutschland GmbH. Abgerufen von https://docplayer.org/9391939-Digitale-revolution-ist-change-management-mutig-genug-fuer-die-zukunft.html

Capgemini Consulting (2015). *Superkräfte oder Superteam? Wie Führungskräfte ihre Welt wirklich verändern können: Change Management Studie 2015*. Offenbach: Capgemini Deutschland GmbH. Abgerufen von https://www.capgemini.com/consulting-de/wp-content/uploads/sites/32/2017/08/change-management-studie-2015_5.pdf

7. Literaturverzeichnis

Capgemini Consulting (2017). *Culture First! Von den Vorreitern des digitalen Wandels lernen: Change Management Studie 2017.* Offenbach: Capgemini Deutschland GmbH. Abgerufen von https://www.capgemini.com/consulting-de/wp-content/uploads/sites/32/2017/10/change-management-studie-2017-capgemini-consulting.pdf

Crossan, M. M., Lane, H. W., & White. R. E. (1999). An organizational learning framework: from intuition to institution. *Academy of Management Review 24* (3), 522–537. doi: 10.2307/259140

Deutinger, G. (2017). *Kommunikation im Change: Erfolgreich kommunizieren in Veränderungsprozessen* (2. Aufl.). Berlin: Springer. doi: 10.1007/978-3-662-53687-2

De Vries, G., Jehn, K. A., & Terwel, B.W. (2012). When Employees Stop Talking and Start Fighting: De Detrimental Effects of Pseudo Voice in Organizations. *The Journal of Business Ethics 105*, 221–230. doi: 10.1007/s10551-011-0960-4

Doppler, K., Fuhrmann, H., Lebbe-Waschke, B., & Voigt, B. (2014). *Unternehmenswandel gegen Widerstände: Change Management mit den Menschen* (3. aktual. und erw. Auflage). Frankfurt: Campus.

Doppler, K., & Lauterburg, C. (2014). *Change Management: Den Unternehmenswandel gestalten* (13. aktual. und erw. Auflage). Frankfurt am Main: Campus.

Flick, U., von Kardoff, E., & Steinke, I. (2009). Was ist qualitative Forschung? Einleitung und Überblick. In U. Flick, E. von Kardoff, & I. Steinke, (Hrsg.) *Qualitative Forschung. Ein Handbuch* (7. Aufl., S. 13–29). Hamburg: Rowohlt.

Ford, J. D., Ford, L. W., & D´Amelio, A. (2008). Resistance to Change: The Rest of the story. *Academy of Management Review, 33* (2), 362–377. doi: 10.5465/amr.2008.31193235

Frese, M., & Keith, N. (2015). Action Errors, Error Management, and Learning Organizations. *The Annual Review of Pychology, 66*, 661–687. doi: 10.1146/annurev-psych-010814-015205

Gergs, H.-J., Schatilow, L. C., & Thun, M. V. (2018). Agiles Change Management: Wie sie die Transformation Ihres Unternehmens erfolgreich durchführen. In M. Lang, & S. Scherber (Hrsg.). *Der Weg zum agilen Unternehmen – Wissen für Entscheider: Strategien, Potenziale, Lösungen* (S. 81–97). München: Hanser

Hagen, J. U. (2017). *Fatale Fehler: Oder warum Organisationen ein Fehlermanagement brauchen* (2. Aufl.). Berlin: Springer. doi: 10.1007/978-3-662-55484-5

Hartmann, D. M., Brentel, H., & Rohn, H. (2006). Lern- und Innovationsfähigkeit von Unternehmen und Organisationen: Kriterien und Indikatoren. *Wuppertal Papers 156*. Wuppertal: Wuppertal-Institut für Klima, Umwelt, Energie. Abgerufen von https://epub.wupperinst.org/frontdoor/index/index/docId/2345

Helpap, S., Bekmeier-Feuerhahn, S., & Pinkernelle, L. (2018). Ambivalenzen in organisationalen Veränderungen. *Schmalenbachs Zeitschrift für betriebswirtschaftliche Forschung, 70*, 209–24. doi: 10.1007/s41471-017-0043-z

7. Literaturverzeichnis

Hernstein Institut für Management und Leadership (2017). *Hernstein Management Report. 2. Bericht 2017: Fehlerkultur und Selbstorganisation in Unternehmen.* Wien: Hernstein Institut für Management und Leadership der Wirtschaftskammer Wien. Abgerufen von https://www.hernstein.at/newsroom/management-report/fehlerkultur-und-selbstorganisation-in-unternehmen/

Houben, A., Frigge, C., Trinczek, R., & Pongratz, H.J. (2007). *Veränderungen erfolgreich gestalten: Repräsentative Untersuchung über Erfolg und Misserfolg im Veränderungsmanagement.* Düsseldorf: C4 Consulting. Abgerufen von http://docplayer.org/31113478-Veraenderungen-erfolgreich-gestalten.html

Hopf, C. (2009). Qualitative Interviews – ein Überblick. In U. Flick, E. von Kardoff, & I. Steinke (Hrsg.). *Qualitative Forschung: Ein Handbuch* (7. Aufl., S. 349–360). Hamburg: Rowohlt.

Karmasin, M., & Ribing, R. (2017). *Die Gestaltung wissenschaftlicher Arbeiten* (9. Aufl.). Wien: Facultas.

Keller, T. (2017). Führungspersönlichkeit als Vorbild und Multiplikator für Fehlermanagement und Vertrauenskultur. In C. von Au (Hrsg.). *Eigenschaften und Kompetenzen von Führungspersönlichkeiten: Achtsamkeit, Selbstreflexion, Soft Skills und Kompetenzsysteme* (S. 137–155). Wiesbaden: Springer. doi: 10.1007/978-3-658-13031-2

Kuhnert, S., Thomann, G., Wehner, T., & Clases, C. (2016). 4 Deutungen zum Scheitern. In S. Kuhnert (Hrsg.). *Failure Management: Ursachen und Folgen des Scheiterns* (S. 3–17). Heidelberg: Springer. doi: 10.1007/978-3-662-47357-3

Kohnke, O., & Wieser, D. (2019). Agiles Change Management: Revolution der Change Beratung? *OrganisationsEntwicklung, 1,* 80–85. Abgerufen von https://www.zoe-online.org/wp-content/uploads/sites/18/2019/07/hbfm_zoe_2019_01_80-85_a.pdf

Kotter, J.P. (2012). Leading Change. Boston: Harvard Business Review Press.

Krüger, W. (2014). Das 3W-Modell: Bezugsrahmen für das Wandlungsmanagement. In W. Krüger, & N. Bach (Hrsg.). *Excellence in Change: Wege zur strategischen Erneuerung* (5. Aufl., S. 1–32). Wiesbaden: Springer. doi: 10.1007/978-3-8349-4717-8

Krüger, W. (2014). Strategische Erneuerung: Probleme und Prozesse. In W. Krüger, & N. Bach (Hrsg.). *Excellence in Change: Wege zur strategischen Erneuerung* (5. Aufl., S. 33–61). Wiesbaden: Springer. doi: 10.1007/978-3-8349-4717-8

Lauer, T. (2019). *Change Management: Grundlagen und Erfolgsfaktoren* (3. Aufl.). Berlin: Springer. doi: 10.1007/978-3-662-59102-4

Lewin, K. (1947). Frontiers in Group Dynamics: Concept. Method and Reality in Social Science; Social Equilibria and Social Change. *Human Relations, 1* (5), 5–41. doi: 10.1177/001872674700100103

Lies, J. (Hrsg.), Mörbe, S., Volejnik, U., & Schoop, S. (2011). *Erfolgsfaktor Change Communications: Klassische Fehler im Change-Management vermeiden.* Wiesbaden: Gabler. 10.1007/978-3-8349-6473-1

7. Literaturverzeichnis

Mayring, P. (2015). *Qualitative Inhaltsanalyse: Grundlagen und Techniken* (12. überarb. Aufl.). Weinheim: Beltz.

Morgenroth, O., & Schaller, J. (2010). Misserfolg und Scheitern aus psychologischer Sicht. In H. Pechlaner, B. Stechhammer, & H. Hinterhuber (Hrsg.). *Scheitern: Die Schattenseite des Daseins: Die Chance zur Selbsterneuerung* (S. 9–30). Berlin: Erich Schmidt.

Oehlrich, M. (2015). *Wissenschaftliches Arbeiten und Schreiben: Schritt für Schritt zur Bachelor- und Master-Thesis in den Wirtschaftswissenschaften*. Heidelberg: Springer. doi: 10.1007/978-3-662-44099-5

Oreg, S. (2003). Resistance to Change: Developing an Individual Difference Measure. *Journal of Applied Psychology, 88* (4), 680–693. doi: 10.1037/0021-9010.88.4.680

Reiners, H. (2015). Change-Kommunikation ist vor allem Strategie-Kommunikation: Also Chefsache. In S. Iskan, & E. Staudt (Hrsg.), *Strategic Change: Wie Manager Ihre Unternehmen erneuern müssen* (S. 91–110). Wiesbaden: Springer. doi: 10.1007/978-3-658-03287-6

Reiss, S., Prentice, L., Schulte-Cloos, C., & Jonas, E. (2019). Organisationaler Wandel als Bedrohung – von impliziter Angst zur Annäherung durch prozedurale Gerechtigkeit. *Gruppe. Interaktion. Organisation. Zeitschrift für Angewandte Organisationspsychologie, 2,* 145–161. doi: 10.1007/s11612-019-00469-x

Rosenstiel, L. v. (2015). *Motivation im Betrieb: Mit Fallstudien aus der Praxis* (11. Aufl.). Wiesbaden: Springer. doi: 10.1007/978-3-658-07810-2

Schilling, J., & Kluge, A. (2013). Organisationales Lernen. In D. E. Krause (Hrsg.), *Kreativität, Innovation und Entrepreneurship* (S. 233–250). Wiesbaden: Springer. doi: 10.1007/978-3-658-02551-9

Stolzenberg, K., & Heberle, K. (2009). *Change Management: Veränderungsprozesse erfolgreich gestalten – Mitarbeiter mobilisieren* (2. Aufl.). Heidelberg: Springer.

Watzlawick, P. (2017). *Wie wirklich ist die Wirklichkeit? Wahn, Täuschung, Verstehen* (18. Aufl.). München: Piper.

Watzlawick, P., Beavin, J.H., & Jackson, D.D. (2017). *Menschliche Kommunikation: Formen, Störungen, Paradoxien* (13. Auflage). Bern: Hogrefe. doi: 10.1024/85745-000

Wimmer, R. (2011). Die Zukunft des Change Management: Kontinuität und Wandel im Changemanagement. *OrganisationsEntwicklung, 4,* 16–20. Abgerufen von https://www.osb-i.com/fileadmin/user_upload/insights/publikationen/Wimmer_Die_Zukunft_des_Change_Management_ZOE_4_11.pdf

Zlöbl, K. (2019). Bottom-up-Feedback als Form der Partizipation: Hilfreiche Rückspiegelung, Risiko oder verschwendete Zeit? *Gruppe Interaktion Organisation, 50,* 261–269. doi: 10.1007/s11612-019-00471-3

Dank

Ein besonderer Dank geht an meine Interview-Partner:innen für ihre Zeit und die tiefen, spannenden Einblicke in ihr Erleben.

Ohne Prof. Dr. Friedemann Schulz von Thun wäre ich nie auf die Idee gekommen, nochmal zu studieren und aus der Abschlussarbeit auch noch ein Buch zu machen. Danke Friedo!

Ich danke Florian Frank, Wiebke Mehrens und Dr. Kristina Herber für die unterstützende Begleitung während des gesamten Master-Studiums.

Den Mitarbeiter:innen des Tectum-Verlags danke ich für die professionelle Zusammenarbeit auf Augenhöhe.

Besondere Menschen, denen ich für Inspiration, Unterstützung und Liebe auf dem Weg zur Entstehung dieses Buches danken möchte, sind Martin Tofall, Grit Klück, Dr. Christian Kaufmann, Kerstin Esser, Clara Zeiske, Josephin Kim Spatz, Dr. Johannes Ylinen, Nico Kuchta, Anett Pilz, Claudia Brunath, Doreen Schrötter, Daniel Viehrig und meine Eltern.

Berlin, den 12.03.2024

Cordia Ylinen

Anhang

Anhang 1: Interview-Leitfaden

Start:
Hinweis auf Anonymisierung / Einwilligung in die Aufzeichnung
Beschreibung Hintergrund und Ziel des Interviews
Beschreibung des Interview-Ablaufes

Einstieg:
Wie alt sind Sie?
Als welches Geschlecht identifizieren Sie sich?

I. Allgemeine Fragen

1. In welcher Art von Unternehmen haben Sie zu dieser Zeit gearbeitet, als Sie in der Veränderungssituation waren, über die wir heute sprechen?
   – Wie viele Mitarbeitende hat das Unternehmen?
2. In welcher Position waren Sie dort zu dieser Zeit tätig?
3. Beschreiben Sie kurz die allgemeine Situation im Unternehmen, in welcher der Change-Management-Prozess stattfand. (Was war der Hintergrund für die Veränderung?)

4. Was genau sollte sich verändern?

II. Erkennen des Scheiterns

5. An welchen Merkmalen haben Sie erkannt, dass der Change-Management-Prozess gescheitert ist?
6. Welche Auswirkungen hatte das Scheitern auf Sie persönlich als Mitarbeitende/n?
   - Wie haben Sie sich in dieser Zeit gefühlt?
   - Welchen Einfluss hatte die Situation auf Ihren Arbeitsalltag?
7. Woran ist der Veränderungs-Prozess aus Ihrer Sicht gescheitert?
   - Welche Gründe gab es noch?

III. Kommunikation

8. Wie haben Sie die Kommunikation innerhalb des Unternehmens während des Change-Management-Prozesses wahrgenommen?
9. Hatten Sie als beteiligte/r Mitarbeiter/-in das Gefühl, den Prozess zu verstehen?
   a. Wenn ja: Wie hat man Ihnen den Prozess verständlich gemacht?
   b. Wenn nein: Was hätten Sie gebraucht, um den Prozess zu verstehen?
10. Inwiefern konnten Sie den Change-Management-Prozess mitgestalten?
    - Wie war das für Sie?
11. Wie wurde die missglückende Veränderung gegenüber den Mitarbeitenden kommuniziert?

IV. Veränderung trotz Scheitern umsetzen

12. Sehen Sie in der ursprünglich angestrebten Veränderung einen Sinn bzw. Nutzen, für das Unternehmen (obwohl die Veränderung nicht umgesetzt wurde)?
    - Wenn nein: – Woran liegt das?
    - Wenn ja: – Welcher Sinn/Nutzen?
    - Welchen Nutzen sehen Sie für sich ganz persönlich darin?

13. Welchen Beitrag hätten die Führungskräfte leisten können, damit Sie mit voller Motivation einen nächsten Schritt in Richtung Veränderung mitgehen?
    - Was hätten die Führungskräfte noch machen können?

14. Welche Art der Kommunikation wäre hilfreich gewesen, um Sie als Mitarbeitende/-n an einem Festhalten am Veränderungsvorhaben zu überzeugen?
    - Was wäre in der Kommunikation noch sinnvoll gewesen?

15. Welche Rahmenbedingungen hätten Sie noch gebraucht, um die Veränderung auch nach dem ersten Scheitern noch zu unterstützen?
    - Welche weiteren Rahmenbedingungen wären hilfreich gewesen?

16. Welche Anmerkungen oder Informationen gibt es jetzt noch, die Sie mir zu diesem Thema geben wollen?

Anhang 2: Kategorienbildung

Den die Arbeit begleitenden Anhang finden Sie online unter dem folgenden Link:

https://www.nomos-shop.de/tectum/titel/erfolgreiche-veraenderungen-nach-gescheiterten-change-management-prozessen-id-119650/